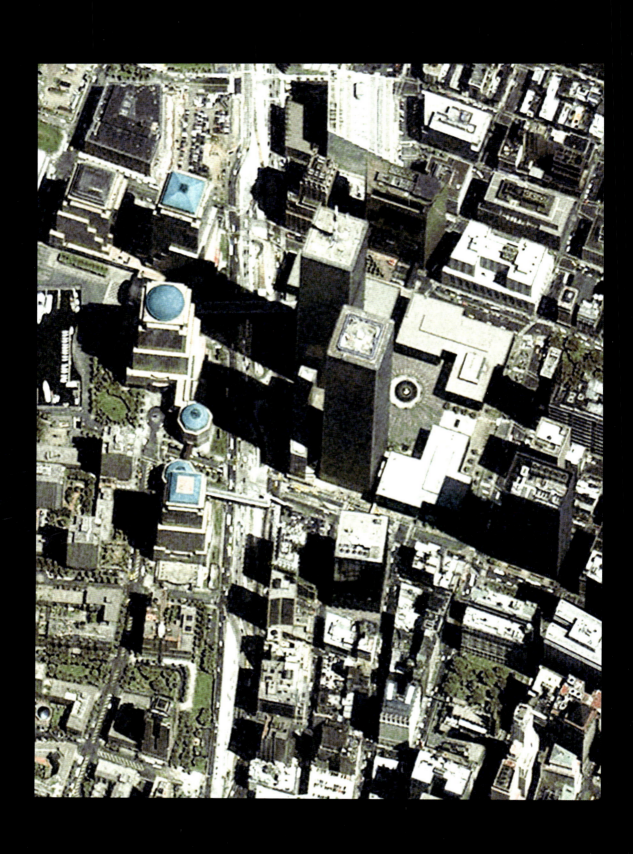

INHALT

VORWORT
VON *MIKE WALLACE*   SEITE 10

EINFÜHRUNG   SEITE 16

MANHATTAN ZUR ZEIT VOR DEN TWIN TOWERS   SEITE 24

DAS PROJEKT UND DIE ARCHITEKTUR   SEITE 36
VON *GIORGIO TARTARO*

UMSCHLAG
Die majestätische Erscheinung der Twin Towers, der gigantischen Wirtschafssymbole New Yorks und der Welt, wird vom Leuchten der Sonne betont.
© Antonio Attivi/Archivio White Star

UMSCHLAGRÜCKSEITE
Für die Amerikaner und für die Welt haben die Stars and Stripes nun eine tragische neue Bedeutung.
© Franklin/Corbys/Sygma/Grazia Neri

TEXTE
PETER SKINNER

HERAUSGEBER
VALERIA MANFERTO DE FABIANIS

GRAPHIK DESIGN
PATRIZIA BALOCCO LOVISETTI

© 2002 White Star S.r.l.
Via C. Sassone 22/24 - 13100 Vercelli, Italien
www.whitestar.it

Herausgegeben in Deutschland von
Verlag Karl Müller GmbH
Oskar-Jäger-Straße 143D 50825,
Köln, Deutschland

Alle Rechte vorbehalten
Kein Teil des Werkes darf in irgendeiner Form (durch
Fotokopie, Mikrofilm oder ein ähnliches Verfahren) ohne
die schriftliche Genehmigung des Verlages reproduziert
oder unter Verwendung elektronischer Systeme
verarbeitet, vervielfältigt oder verbreitet werden.

ISBN 3-89893-011-4

Gedruckt bei Rotolito Lombarda, Italien.
Lithos: Fotomec, Torino, Italien.

DAS WORLD TRADE CENTER VON NEW YORK IM FILM UND IN DEN MEDIEN   SEITE 70

WTC: DAS NEUE HERZ DES FINANZVIERTELS   SEITE 86

11. SEPTEMBER 2001   SEITE 110

VORWORT

VON MIKE WALLACE

1
GOLD AUF SCHWARZ: DIE TWIN TOWERS SPIEGELN SICH IM HUDSON.

2 UND 7
DIE BEIDEN SATELLITENAUFNAHMEN ZEIGEN LOWER MANHATTAN UND DAS WORLD TRADE CENTER VOR UND NACH DEN ANGRIFFEN DES 11. SEPTEMBERS 2001. ALS DIE TÜRME EINSTÜRZTEN, WURDE DIE PLAZA ZU EINEM RIESIGEN UNDURCHDRINGLICHEN GRAB.

3-6
NACHT UMGIBT DIE TWIN TOWERS, DAS WORLD FINANCIAL CENTER UND BATTERY PARK CITY.

10
NEUE PERSPEKTIVEN: DIE FREIHEITSSTATUE, FÜR DIE NEW YORKER "LADY LIBERTY", GRÜßT DEN UNTERNEHMENSGEIST.

11
DAS WOOLWORTH BUILDING RAGT AM 11. SEPTEMBER 2001 WIE EIN WACHTURM IN DEN NACHTHIMMEL VON LOWER MANHATTAN.

Die Entführer der Linienmaschinen, die New York und Washington mit mörderischer Treffsicherheit angriffen, entschieden sich offenbar aus einem bestimmten Grund für ihre Ziele. Immerhin attackierten sie nicht Los Angeles oder Miami. Warum nicht?
Es ist anzunehmen, dass sie Städte und Bauwerke auswählten, denen sie große symbolische und tatsächliche Macht zuschrieben: die Zentralen wirtschaftlicher bzw. militärischer Einrichtungen, deren Entscheidungen allergrößten Einfluss auf die gesamte Weltlage haben.
Wie die Hilfsangebote aus aller Welt zeigten, lieben und bewundern Millionen von Menschen das amerikanische Volk und seine bedeutendsten Städte. Andere allerdings hassen uns leidenschaftlich. Nicht - wie einige sagen - weil unser Land in Freiheit und Wohlstand lebt, sondern weil die Nation eine Politik betrieb, unter der sie zu leiden glauben. Mit wohlkalkulierter Strategie und selbstmörderischem Fanatismus versetzten sie den stolzen Türmen und der Kommandozentrale einen furchtbaren Schlag.
Die New Yorker werden großartig mit dem Unglück fertig, obwohl der Schock, dass die Angriffe vom kristallblauen Himmel herabkamen, unser Unverletzlichkeitsgefühl buchstäblich und metaphorisch in Trümmer legte.
Zwar war diese besondere Form von Aggression teuflisch innovativ, es ist aber zu bedenken, dass New York die letzten vier Jahrhunderte schon einige Male das Ziel mörderischer Anschläge gewesen ist. Dank einer Mischung aus Glück und Stärke sind wir einem Großteil der Attentate heil entkommen, allerdings nicht allen, und oft befürchteten unsere Vorfahren, dass das

12 UNTEN
BALD WAR DIE GANZE WELT ZEUGE DER
ENTSETZLICHEN VERWÜSTUNG.

13
DIE LETZTEN SONNENSTRAHLEN SPIEGELN
SICH GOLDEN AUF DEM WORLD FINANCIAL
CENTER (VORNE) UND AUF DEN TWIN
TOWERS.

Schlimmste erst noch bevorstehen würde.
In den letzten Jahrzehnten wandten sich einige Gegner der globalen Wirtschafts- und Kulturexpansion, als deren Zentralen New York und Washington galten, dem Terrorismus zu. Die von ihnen angerichteten Schäden an der internationalen Gemeinschaft tangierten selten die Küste von New York - das erste Attentat auf das World Trade Center war eine bemerkenswerte Ausnahme - aber in der populären Kultur explodierten die Phantasien über die Zerstörung von Städten. Der Erfolg cinematographischer Beschreibungen von "fremden" (oder außerirdischen) Räubern, die über New York oder Washington Katastrophen hereinbrechen ließen, mit dem World Trade Center und der Freiheitsstatue als Ziele, wurde wahrscheinlich vom Antagonismus zur Großen Regierung und den Großen Kooperationen genährt.
Nun haben sich diese Phantasien in furchtbarer Weise bewahrheitet: Bestürzte Augenzeugen berichten immer wieder, dass die Katastrophe "unwirklich" schien oder "wie in einem Film" gewesen sei. Dies soll nicht heißen, dass die Terroristen "Nachmacher" seien und die Schuld bei Hollywood liege, sondern eher, dass Produzenten - wie übrigens viele andere Leute auch - häufig New York und Washington als besonders geeignete Zielscheiben ansehen.
Eine Folge aus der Tatsache, dass die Wirklichkeit die Fiktion nun eingeholt und übertroffen hat, könnte ein neuer Widerwillen gegen das Ausmalen solcher Phantasien sein - eine Neuauflage von "Independence Day" wurde kürzlich hintangestellt -, auch wenn es andererseits wahrscheinlich ist, dass irgendjemand bereits dabei ist, eine Miniserie darüber zu drehen.
Es ist zu hoffen, dass unser zerstörtes Unverletzlichkeitsgefühl zur Folge hat, dass wir, auch wenn wir unsere Toten beweinen, Vorsichtsmaßnahmen ergreifen, um weitere solcher Angriffe zu verhindern, dass wir bei der Identifizierung und der Bestrafung der Verantwortlichen mithelfen und unsere Stadt wiederaufbauen. Die New Yorker von heute haben - wie auch frühere Generationen - eine Katastrophe erlebt und überlebt, die schlimmer war als die Vorstellungskraft sich jemals hätte ausmalen können.

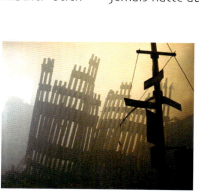

14-15
FÜR IMMER VERSCHWUNDEN: DIE TWIN
TOWERS RICHTEN SICH NICHT MEHR HINTER
DEM WINTER GARDEN AUF UND
ÜBERRAGEN DIE TÜRME DES WORLD
FINANCIAL CENTERS. IM VORDERGRUND IST
DER NORTH COVE HARBOR ZU ERKENNEN.

17
Die Twin Towers umrahmen das Woolworth Building (1913), die von Gilbert Cass entworfene "Kommerz-Kathedrale". Rechts erkennt man Gebäude 1 des World Financial Centers.

EINFÜHRUNG

New York! Die legendäre Stadt mit der dramatischen Skyline, Leuchtturm für die Besten und Schönsten, für die Glücksuchenden und Immigranten ... Hier werden alle Wünsche erfüllt!
Doch New York ist jung und muss sich seine eigenen Mythen erschaffen: New York ist darin großartig - es glaubt bedingungslos an seine außergewöhnlichen Schöpfungen. Die New Yorker sind von Bildern geprägt: Sie sind davon überzeugt, dass die Stadt ihnen das Neueste, Smarteste und Coolste bietet. Ihre Ideen und ihre Produkte formen die Welt und die Welt bestärkt sie in diesem Glauben. Die Zwillingstürme verliehen all diesem schweigend ihren Ausdruck. Sie absorbierten und reflektierten den Optimismus und die Energie der Stadt. Trotz ihrer Masse waren ihr Stil und ihre Proportionen so graziös, dass ihnen weit und breit große Bewunderung entgegen gebracht wurde. Fialen, Kuppeln und filigrane Eleganz mögen ältere Städte zieren: New York verkörpert Macht und Wirkung. Schon 1980 hatte man vergessen, dass das World Trade Center ein sehr umstrittenes Projekt war, dass der Bau während der sechziger Jahre langsam und schleppend voranging, und es in den 70er Jahren schwierig war, den neu entstandenen Raum zu vermieten. All dies gehörte der Vergangenheit an. New York lebte im Heute und träumte vom Morgen. In den 90er Jahren fuhr die Stadt auf Hochtouren, die Zukunft war leuchtend und vielversprechend.
Allzu leicht vergessen die New Yorker vergangene Krisen, auch wenn deren Ursachen und Auswirkungen noch immer gut sichtbar sind: Rückblickend scheinen sie weniger gefährlich. In Wirklichkeit sind die Krisen zahlreicher und schwerwiegender, als die New Yorker zugeben wollen. Die Mitte der 60er Jahre ausgebrochenen Rassenkonflikte, der drohende Bankrott, der die Stadt Mitte der 60er Jahre erschütterte, die Unzulänglichkeiten öffentlicher Schulen, die sprunghaft steigenden Wohnungspreise, die mangelnde Ausbildungsplätze, der zunehmende Unterschied zwischen Armen und Reichen und das allmähliche Versinken der Stadt im Verkehr: All dies ist immer noch aktuell. Ebenso wie andere Großstadtkrankheiten, den Lärm, den Schmutz, die schlechte Luftqualität und das Sprachengemisch, nehmen die New Yorker auch dies als gegeben hin. "Das ist New York, die aufregendste Stadt der Welt. Wir sind imstande, alle Probleme zu lösen", das reden sich die New Yorker ein. Die New Yorker leben für das Neue: die neue Arbeit, die neue Wohnung, die Geliebte, den Urlaub, das Restaurant, das Theater, den Film, die Lektüre ... Wirtschaft und Stadt scheinen unendlich einfallsreich zu sein: Während die eine Seifenblase zerplatzt, bläst sich eine andere bereits hoffnungsvoll auf. New York konnte niemals wirklich in Gefahr sein.
Die jungen Geschäftsleute scheinen unbesiegbar und furchtlos zu sein. Gut bezahlt und gut verheiratet klettern sie die Karriereleiter hinauf, machen Geschäfte, beobachten Leute beim Aperitif, schlittern von einer Affäre zur anderen und beschäftigen damit ein Heer von Trainern und Therapeuten, die sie physisch oder psychologisch unterstützen. "Morgen" war nicht nur "der nächste Tag": Es war die größere und bessere Gelegenheit. Es würde ein anderes Fotomodell im Park geben, ein anderer Film auf der Straße zu drehen sein. Neue Freundschaften und neue Beziehungen knüpfte man alle paar Minuten. Wenn das Leben in London, Paris, Rom, Istanbul, Neu Delhi, Hong Kong und einem Dutzend anderer Großstädte genauso "sophisticated" und spannend wie in New York ist, na und? Dann entgegnen die New Yorker lapidar: "Hier ist es besser, denn hier ist New York". Aber Mythos und Wirklichkeit, Symbol und Substanz entwickelten sich bereits vor jenem strahlenden Morgen des 11. Septembers 2001 in verschiedene Richtungen. Die schnelllebige Welt verlor an Luft wie ein durchlöcherter Ballon. Menschen, die gewöhnlich ihre Ferien in Europa verbrachten, verspürten plötzlich das dringende Bedürfnis, ihre Eltern im Mittleren Westen zu besuchen. Die zerbrechlichen und nervösen Modells waren ein wenig zerbrechlicher und bedeutend nervöser geworden

18 UND 19
WÄHREND DER KOLLISION - DER NORDTURM WURDE UM 8.45 UHR, DER SÜDTURM UM 9.03 UHR GETROFFEN - ERGOSSEN SICH 90.000 LITER KEROSIN IN DAS GEBÄUDE UND GINGEN IN FLAMMEN AUF. DURCH DEN BRAND STIEG DIE TEMPERATUR AUF 1100°C.

20-21
VON TRÜBEM BRAUN ZU GLÄNZENDEM GOLD: DIE ELOXIERTE ALUMINIUMVERKLEIDUNG DER TÜRME REAGIERTE SEHR SENSIBEL AUF TAGES- UND JAHRESZEITABHÄNGIGE LICHTVERHÄLTNISSE.

22-23
DIE BEISPIELLOSE KATASTROPHE SCHUF UNVERGESSLICHE BILDER VON TOD UND ZERSTÖRUNG.

und Filmcrews servierten ihrem Personal auf der Straße Bagels und Frischkäse anstelle von Brioches mit importierter Marmelade. Die New Yorker nahmen die Wirklichkeit dennoch nicht allzu ernst. Es handelte sich um nichts anderes als um einen kurzzeitigen Anflug einer wirtschaftlichen Baisse, um eine nützliche Korrektur: Das System befreite sich vom Überfluss und warf sich bereits der nächsten mitreißenden Woge entgegen. Wirkliche Probleme gab es anderswo: Die schrecklichen Vorkommnisse in Ruanda, in Serbien, in Bosnien und im Kosovo, das ständige Wiederaufflammen des Konflikts zwischen Israel und Palästina und die gelegentlichen Unruhen in Nordirland waren weit weg und somit fast unwirklich. Amerika war ein gesegnetes Land, weit entfernt von Kriegsschauplätzen und Straßenkämpfen, und vor Fernsehberichten über tägliche Todesopfer blieben die Amerikaner verschont. Amerika verlor durch die Tragödie an jenem 11. September 2001 nicht nur einige tausend unschuldige Menschen, Hochhäuser, die in nun Schutt und Asche liegen, und dynamische Wirtschaftsbetriebe, nein: Amerika und New York kam der tief verwurzelte Mythos einer gewissen heiligen Unverletzbarkeit abhanden. Allen schrecklichen Ereignissen der jüngeren Geschichte zum Trotz hatte sich Amerika an dieses Trugbild geklammert. Die New Yorkern verstanden es, ihre Erfahrungen zu filtern: Das Attentat von 1993 am World Trade Center hatte die Türme nicht zum Einsturz gebracht und kurze Zeit darauf konnten die Verantwortlichen der Justiz übergeben werden. Das Bombenattentat von Oklahoma im Jahre 1997 war mit seinen 138 Opfern im Vergleich zu den sechs Toten des Anschlags vom World Trade Center weitaus tödlicher

verlaufen. Doch Amerika versicherte sich selbst, dass es sich dabei um ein einmaliges abweichendes, lokales, von einem Amerikaner verübtes Verbrechen handelte. Die Nation beging den Fehler, sich auf den Prozess und auf die Bestrafung der Verantwortlichen zu konzentrieren. Ihre wahre Schuld aber bestand darin, die offensichtliche Verletzbarkeit Amerikas zu missachten. Rückblickend wird klar, dass die Sicherheitssysteme, die New York und seine Brücken, seine Tunnels, sein Transportwesen und seine Strom- und Wasserversorgung schützen sollten, ausgesprochen unzulänglich waren.
Welche Vorsichtsmaßnahmen getroffen werden können und inwieweit diese die offene Gesellschaft und zivilen Freiheiten einer demokratischen Nation beeinträchtigen, ist schwer zu sagen. In Tokio, in Peking, in Kairo oder in Riad ist es wahrscheinlich relativ einfach, "ein Auge auf die Ausländer zu werfen": Es gibt dort nur sehr wenige und diese sind leicht zu identifizieren. Anders ist die Situation in den europäischen Großstädten, in denen eine breitere ethnische Mischung lebt, wieder anders in amerikanischen Großstädten, die von völlig unterschiedlichen Völkern bewohnt und in ihren Aktivitäten und Bewegungen kaum eingeschränkt sind: Differenzierung und Freiheit sind die Grundlage des amerikanischen Lebens.
Am 11. September wurde jedem einzelnen Amerikaner und den meisten Einwohnern der Erde bewusst, dass eine Epoche zu

Ende gegangen war und dass das Leben in Zukunft ein anderes sein würde. Die einhellige Reaktion der gesamten Nation nach dem anfänglichen Schock und die heldenhaften Rettungsbemühungen sagen einiges über Amerika aus. Die Solidarität der Bürger untereinander sowie jene des amerikanischen Volkes mit der Regierung, die Weigerung des Einzelnen, nun die Moslems zu ächten, die Restriktionen, die von den Amerikanern gefordert und von der Regierung in Gestalt von Vergeltungsmaßnahmen durchgeführt werden, all dies zeugt von großer moralischer Stärke.
Es ist wirklich paradox, dass viele mächtige moslemische Kritiker der amerikanischen Regierung und ihrer Politik frei und ohne Hindernisse in Amerika leben und arbeiten können, während in den islamischen Nationen wenige Regierungskritiker sehr lange auf freiem Fuß leben. Es ist reine Ironie, dass Terroristen nur im Hinterland wenig effektiv regierter islamischer Länder aktiv sind, verachtet und verurteilt von klar denkenden Bürgern. Größeren und unmittelbareren Einblick in die Realität bekommt man, wenn man einen moslemischen Taxifahrer, einen Kebab-Verkäufer oder einen islamischen Kioskbesitzer fragt, was sein größter Wunsch ist. Höchst selten wird die Antwort mit amerikanischer oder islamischer Politik zu tun haben.; Der häufigste Gedanke ist: "Den Rest der Familie nach Amerika holen."
Islamische Einwanderer akzeptieren Amerika mit seinen Herausforderungen. Sie werden zu Amerikanern. Nun aber sind die Moslems Amerikas in Angst: Sie werden durch die Aktionen ihrer früheren Mitbürger bedroht, die voll des Hasses gegen eine Nation sind, die die erfolgreichen Einwanderer zu lieben gelernt haben.

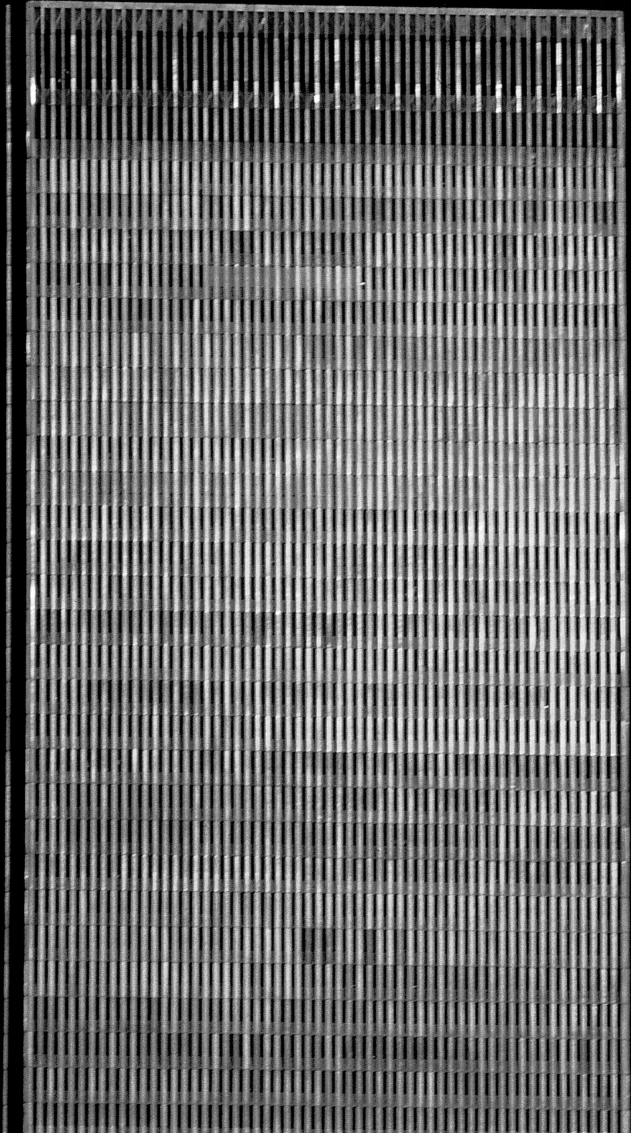

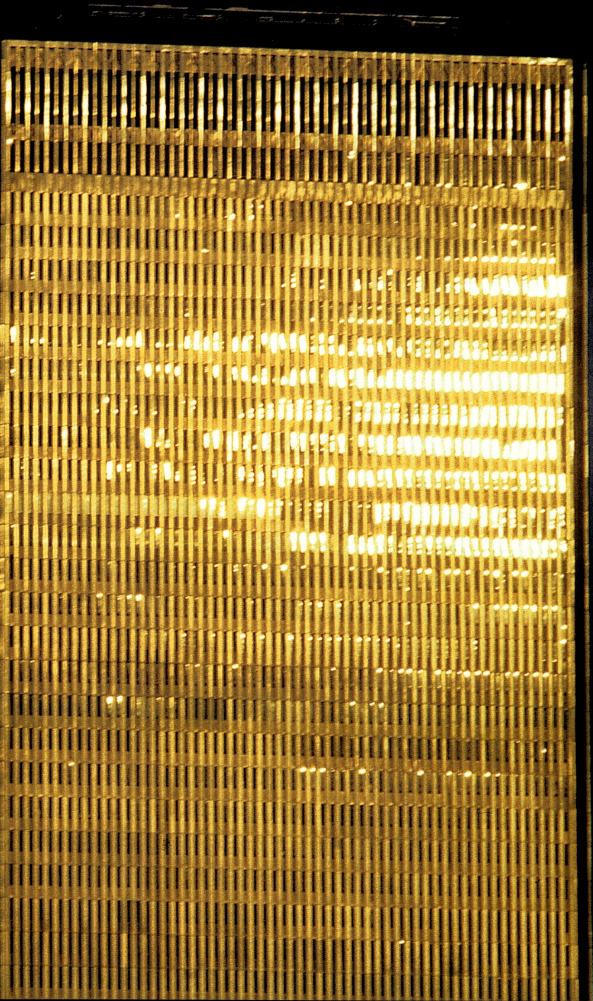

world tra

WORLD

KAPITEL

1

MANHATTAN ZUR ZEIT VOR DEN TWIN TOWERS

26 OBEN
BATTERY PARK UND DIE ANLEGESTATION DER STATEN ISLAND FERRY IN DEN 40ER JAHREN DES VERGANGENEN JAHRHUNDERTS.

27
SO SAH DAS 60.000 QUADRATMETER GROSSE GEBIET DES WORLD TRADE CENTERS VOR DER HÄUSERZERSTÖRUNG MITTE DER 60ER JAHRE AUS. DIE GEGEND WAR VON GERINGER WIRTSCHAFTLICHER BEDEUTUNG UND BESASS KEINE ARCHITEKTONISCH BEDEUTSAMEN BAUWERKE. ABER SIE WAR HEIMAT FÜR KLEINE GESCHÄFTE, WIE DIE BERÜHMTE "RADIO ROW" DER ELEKTRONIKHÄNDLER, FÜR RESTAURANTS, BARS UND EINZELHÄNDLER. GESCHÄFTSBESITZER UND ANWOHNER FOCHTEN EINEN ERBITTERTEN KAMPF GEGEN DIE BEHÖRDEN, BEVOR SIE AUSZIEHEN MUSSTEN.

Um New York und sein Leben zur Zeit vor den Twin Towers zu beschreiben, muss man in die 60er Jahre zurückzukehren, in das Jahrzehnt vor der Errichtung der Bauten. Die Gebäude wurden vor mehr als dreißig Jahren fertiggestellt. Die ersten Mieter des Nordturmes zogen 1970 ein, die des Südturmes ein Jahr später. Für einen Großteil der New Yorker und der Bewohner der drei Staaten waren die Twin Towers immer präsent, immer im Blickfeld, ein Polarstern, ein unanfechtbares Element ihres Lebens. Es bedarf eines gewissen Brainstormings, um sich das Bild der Stadt New York in den 60er Jahren ins Gedächtnis zu rufen. Um die Situation der Stadt zu rekonstruieren, bedarf es mehr als einer vagen Erinnerung an die hervorbrechende Jugendrebellion, an die Ruhmzeiten des Rock'n Roll und an das oberflächliche Bild der "Golden Sixties", das diesem Jahrzehnt und vor allem der Zeit um 1965 anheftet. Die Wirklichkeit liegt tiefer: Sie setzt sich aus den Who-was-who in der Politik, der Wirtschaftslage, den Rassenbeziehungen, dem öffentlichem Versorgungswesen, aus Erziehung und Wohnraum zusammen. Es bedarf dazu einer Untersuchung von Verbrechen und öffentlicher Sicherheit, von Lebensqualität und dem Seelenzustand der Nation. Für den Großteil der Menschen unter vierzig Jahren sind die Sechziger bereits "prähistorisch", eine Epoche, die sie nicht erlebt haben. Für die über Sechzigjährigen hingegen handelt es sich dabei um "alte Zeiten", in denen das Leben anders und einfacher war- um eine Epoche, die vom Schleier der Erinnerung umhüllt ist. Im Jahre 1960 war J.F. Kennedy Präsident der Vereinigten Staaten, Nelson Rockefeller Gouverneur von New York und Robert F. Kennedy Bürgermeister der Stadt: ein Terzett großer verantwortungsvoller Politiker in einem großartigen und starken Jahrzehnts. Es war aber auch eine schwierige, anstrengende Zeit, in deren Verlauf die Entfaltung und der Übermut der jungen Kultur oft Kräfte zu sein schienen, die die Aufmerksamkeit der Menschen von den Katastrophen ablenkten. Der Krieg in Vietnam und die Studentenproteste, die Ermordung von Präsident Kennedy, die Rassenunruhen, brennende Städte und der Watergate-Skandal: Trotz allem waren die sechziger Jahre eine überraschend optimistische Epoche - und New York schien seine Probleme nicht allzu ernst zu nehmen.

Bevor die Twin Towers 415 Meter über die Plaza in den Himmel ragten, mangelte es der Stadt nicht an symbolischen Bauwerken. Das solide, dynamische Rockefeller Center, das zum größten Teil in den dreißiger Jahren vollendet wurde, mit seiner Mall und seiner beflaggten Plaza, war eine der Hauptattraktionen für New Yorker und Touristen. Die Stadt war liebevoll stolz auf das Chrysler und das Empire State Building, beide im Zentrum, die die benachbarten Wolkenkratzer überragten und das Profil der Stadt, die Skyline, beherrschten. Ersteres (1930 fertiggestellt und 319 Meter hoch) war wegen seiner Adlerköpfe aus rostfreiem Stahl, wegen seiner Art-Déco-Verzierung und seines Visitor Centers im 71. Stock berühmt. Das Empire State Building (fertiggestellt im Jahre 1931 und 381 Meter hoch) besaß eine weltberühmte Aussichtsterrasse. Beide Bauwerke befanden sich in idealer Lage. Das Chrysler Building ist nur einen Häuserblock vom Grand

Central Terminal entfernt, dessen Züge die nördliche Peripherie bedienen. Das Empire State Building befindet sich nahe der Penn Station, dessen Züge Long Island und New Jersey mit New York verbinden.
Die Geschichte dieser beiden monumentalen Bahnhöfe dient als Mahnung: Die Penn Station, die nach dem Vorbild der Caracalla-Thermen in Rom entstand, wurde 1911 fertiggestellt. 1965 wurde sie durch Interessen seitens des Immobilienmarktes zerstört und durch einen farblosen Büro-Wolkenkratzer und ein geschlossenes Theater ersetzt. Allein der von Jacqueline Bouvier Kennedy angeführte energische öffentliche Protest ersparte dem Grand Central Terminal (der 1913 vollendet wurde und wegen seines breiten Main Concourse, einer kuppelüberdachten Haupthalle, berühmt ist) ein ähnliches Schicksal. Der Grand Central, der heute wieder vollständig in seinem alten Glanze erstrahlt, ist ein Touristenziel erster Güte, das jedes Jahr Millionen von Bewunderern anzieht. Im Zentrum des Finanzviertels von Lower Manhattan, südöstlich der Twin-Tower-Zone, entstand das Woolworth Building ("die Kommerz-Kathedrale", deren 66 Stockwerke im Jahre 1913 fertiggestellt wurden). Das stolze Architektur-Symbol liegt etwas abseits am Broadway und am Parc Place und wird wegen seines eleganten Mauerwerks und der Terrakottaverkleidung bewundert. Das Gebäude blickt auf die City Hall (1812), einen eleganten zweistöckigen, in einem dicht mit Bäumen bepflanzten Park liegenden Pavillon mit Kuppeldach, und südlich davon auf das mächtige Tweed Court House (1878) in klassisch viktorianischem Stil, das kürzlich restauriert wurde. Die drei Bauten sind berühmte Beispiele eleganter Architektur, auch wenn ihnen eine Reihe

28-29
Governor's Island (vorne links), das frühere Quartier der Küstenwache der Vereinigten Staaten, ist (zu kostspieligen Konditionen) zum Preis eines Dollars erhältlich. Die meisten Fracht- und Personenpiers von Manhattan wurden zerstört. Sie fielen den steigenden Kosten zum Opfer. Oben links sieht man die Washington Bridge, unten rechts die Brooklyn Bridge, mit der Manhattan Bridge im Norden. Südlich der Brooklyn Bridge erstreckt sich das historische Wohngebiet der Brooklyn Heights.

29
Das Lower Manhattan durch die Hängeseile der Brooklyn Bridge gesehen.

vornehmer, älterer, mit Stein verkleideter Büropaläste sehr wohl Gesellschaft leisten. Sie alle blickten verächtlich auf die neuen banalen Bürotürme, die an jeder Ecke, besonders zur Wall Street hin und im Süden entstanden. In den Augen des zufälligen Besuchers oder eiligen Touristen schien New York sich im Aufschwung zu befinden und den Boom zu genießen. Die Wirklichkeit aber sah anders aus: Die Stadt war in eine finanzielle Notlage geraten und befand sich innerhalb eines Jahrzehnts am Rande des Bankrotts.
Einer der Hauptgründe für die Verschlechterung der Wirtschaftslage New Yorks war die staatliche Weisung von 1965 an die Stadt, 25 Prozent der Ausgaben für das Sozialwesen

30 OBEN UND 30-31
NEUE RIESIGE "SCHACHTELHÄUSER" SCHIEBEN SICH ZWISCHEN DIE ÄLTEREN UND DEKORATIVEREN WOLKENKRATZER. VORNE IST DAS TERMINAL DER STATEN ISLAND FERRY, HEIMAT DER BERÜHMTEN "5-CENT RIDE" ZU SEHEN. IN DER MITTE LINKS ERKENNT MAN DAS RUNDE CASTLE CLINTON (1807) IM BATTERY PARK, DAS FRÜHER ZUM NEW YORK HARBOR BLICKTE.

31 UNTEN
PRÄSIDENT KENNEDY UND SEINE GATTIN, HIER IN EINER OFFENEN AUTOKOLONNE AM LOWER BROADWAY, WURDEN IN NEW YORK HERZLICH EMPFANGEN. ALS KANDIDAT FÜR DIE PRÄSIDENTSCHAFTSWAHLEN IM JAHRE 1960 WURDE JFK MIT EINER KONFETTI-PARADE EMPFANGEN, DIE EIGENTLICH SPORTLICHEN SIEGEN ODER EMPFÄNGEN AUSLÄNDISCHER STAATSOBERHÄUPTER VORBEHALTEN WAR.

und die medizinische Versorgung zu zahlen, ein Betrag der zuvor zu Lasten der staatlichen und föderativen Kassen gegangen war. Weitere Gründe für die Krise waren die liberale Wohlfahrtspolitik, die der öffentlichen Kasse weitere Zahlungen auferlegte und das großzügige, durch das Erstarken der Gewerkschaft bedingte Anheben der Gehälter. Zwischen 1960 und 1970 erhöhte sich der Haushalt New Yorks um mindestens das Dreifache, bis er die sechs Milliarden Dollar erreichte. Um die notwendigen Ausgaben der Stadt tätigen zu können, machte die Stadt Schulden und musste harte Rückzahlungsbedingungen akzeptieren. Bis Ende 1971, als der zweite der Twin Towers fertiggestellt wurde, stand New York vor einer Finanzkatastrophe: Die Kosten für die Darlehensrückzahlungen übertrafen langfristig den laufenden Haushalt.
Eine Lösung war nicht in Sicht: Die Grund- und Eigentümersteuern waren bis hin zur Schmerzgrenze erhöht worden und auf geschäftliche und persönliche Einkünfte hatte man weitere Steuern erhoben. Dies hatte zur Folge, dass Firmen und Einwohner begannen, New York zu verlassen, um sich in finanziell angenehmeren Gegenden niederzulassen: Die schillernden Twin Towers mit ihren 930.000 Quadratmetern Raum für Bürofläche erhoben sich somit über eine Stadt in schwindelerregendem Abstieg. Die rapide Verschlechterung der finanziellen Situation der Stadt war gut informierten Bürgern sehr wohl bekannt. Millionen von Einwohnern und Touristen war sie jedoch verborgen geblieben.
"Städtische Erneuerung", im Sinne eines Baubooms war der vorherrschende Slogan. Es entstanden weitere Finanztürme und neue Wohnhäuser. In Bau war auch das Lincoln Center for the Performing Arts, das nicht nur als Kulturzentrum für die Schauspielkunst konzipiert war, sondern auch als neues Symbol und Katalysator für den ökonomischen Aufschwung der West Side zwischen der 59a und der 72sten Straße. Die Philharmonic Hall (die man später in Avery Fisher Hall umtaufte) eröffnete 1962, das New York State Theater im Jahre 1964 und das Metropolitan Opera House im Jahre 1966. Große Begeisterung brachte man der zentralen Plaza entgegen, zu der sich diese ersten drei Gebäude des Lincoln Center hin öffneten. Der Kulturbau entwickelte sich zu einem beliebten Treffpunkt, zu einer städtischen Attraktion, in der auch über die Beziehung zwischen Kunst und Leben nachgedacht wurde. Der Anblick der von Mittag bis

Abend mit Menschen bevölkerten Plaza entging auch nicht der Aufmerksamkeit der Befürworter und Architekten des World Trade Center. Hinter seiner glänzenden Fassade machte New York bittere Erfahrungen: Schulen wurden als isolierte Einheiten betrachtet, die ethnischen Minderheiten angehörenden Schülern abweisend gegenüberstanden. Die Schulbürokratie stand im Kreuzfeuer der Kritik. Von den Schulräten mit Beteiligung der Eltern kontrollierte "Versuchsdistrikte" führten zu längeren Streiks der Lehrer. Man befürchtete, dass den Minderheiten der Zugang zur höheren Bildung verwehrt würde. 1970 ging das städtische College-System zur heftig umstrittenen "Open-admission-Politik" über. Der Vietnamkrieg führte zu immer heftigeren Demonstrationen. 1968 brachen an der Columbia University wegen der Zusammenarbeit der Akademie mit dem Institute of Defense Analysis und wegen der ausbleibenden Unterstützung des benachbarten Viertels Harlem Studentenunruhen aus. Gegen Ende der 60er Jahre befand sich die Stadt sichtbar im Abstieg. Die Wirtschaft war geschwächt, die öffentliche Versorgung war im Begriff reduziert zu werden, die Untergrund- und die Eisenbahn standen vor dem Ruin. New York war nicht mehr in der Lage, die

32 OBEN
SPEZIELLE HAFENSCHIFFE SICHERN DIE WASSERSTRASSEN DER STATEN ISLAND FERRY. DIE FÄHREN SIND RUND UM DIE UHR IN BETRIEB UND FÜR DIE ANBINDUNG DER KLEINEREN VORORTE NEW YORKS ENORM WICHTIG.

32 MITTE
MANHATTAN STEHT NICHT IMMER IM MITTELPUNKT: HIER BESUCHT PRÄSIDENT JOHNSON BROOKLYN.

32-33
DIE BEIDEN "LADIES" LOWER MANHATTANS: DAS WOOLWORTH BUILDING (IN DER MITTE) UND DIE BROOKLYN BRIDGE WERDEN WEGEN IHRER ELEGANZ BEWUNDERT.

34-35
Die *Queen Mary* nimmt Kurs auf das Hudson River Terminal. New York ist kein großer Passagierhafen mehr. Während der 50er und 60er Jahre verschwanden die stolzen Überseedampfer. Sie fielen den niedrigen Flugreisekosten zum Opfer. Der Kreuzfahrtverkehr geht jedoch weiter.

wichtigsten Bedürfnisse seiner Minderheiten zu befriedigen, deren Schicksal sich weiter zu verschlimmern drohte, weil die finanzielle Zukunft der Stadt immer düsterer aussah. Aufgrund dieser Situation stand der Großteil der Bürger dem Projekt "World Trade Center" aufgeschlossen gegenüber. "Ja", so war die realistische Einschätzung, "auf weite Sicht würde es die Reichen noch reicher machen". Der Komplex musste aber auch gebaut und erhalten werden und dies bedeutete Arbeit, zumindest für einige von ihnen, und Arbeit verhieß Profit. Unter dem Strich war der Bau der Twin Towers ein Akt der Hoffnung, der für New York eine leuchtendere Zukunft einläutete.

world tra

KAPITEL

2

DAS PROJEKT
UND DIE ARCHITEKTUR

38 OBEN
EIN LÄCHELNDER MINORU YAMASAKI IN EINER AUFNAHME ZU FÜSSEN DER TÜRME DES WORLD TRADE CENTERS, DAS IHM ZU WELTRUHM VERHALF.

39
EINDRUCKSVOLLE AUFNAHME DER IN DER SONNE SCHILLERNDEN TÜRME. DIE GIGANTISCHE MASSE AUS GLAS UND ALUMINIUM HATTE EINE TOTEMISCHE FUNKTION: SIE WAREN DIE PROPYLÄEN EINER WELTSTADT.

Die Twin Towers gibt es nicht mehr. Für gerade dreißig Jahre prägten sie eines der bekanntesten Stadtprofile der Welt, die berühmte Skyline von New York. Sie waren der sichtbare und immanente Bezugspunkt von Downtown, dem Lebensmittelpunkt von New York, und das neuralgische Zentrum der Weltwirtschaft.
Dennoch waren ihre rekordbrechende Höhe, ihr Design und ihre bloße Existenz Gegenstand ständiger Kritik. Es ist kein Geheimnis, dass die Architekturkritiker im Grunde niemals mit der Größe und dem Design der Türme völlig einverstanden waren.
Der Architekturkritiker der Los Angeles Times, Nicolai Ouroussoff, sprach zwei Tage nach der Katastrophe des 11. September 2001 von der Realisierung der Türme als Akt des Optimismus und unterstrich die ungewöhnlich starke Symbolik des World Trade Centers. Gleichzeitig betonte er aber auch ihren "begrenzten architektonischen Wert".
Richard Ingersoll geht noch etwas weiter, indem er das World Trade Center in düsteren Farben als tristen und langweiligen Arbeitsort beschreibt, und die Leere seiner Formen als Indikatoren einer immanenten Katastrophe bezeichnet. Die Allgemeinheit war mit diesem negativen Urteil nicht einverstanden. Sie sah in den beiden Türmen das Symbol nicht nur einer einzelnen Stadt, sondern eines ganzen Systems, eine Verpflichtung, die den beiden Türme seit ihrer Planungsphase anheftete.
Manfredo Tafuri (Architekturhistoriker) und Francesco Dal Co (Direktor von Casabella) sprechen in ihrem Band "Architettura contemporanea" (Electa, Mailand, 1976) vom World Trade Center als einem Werk "außer der Reihe", das in traumatischer Art und Weise die Entwicklung und die funktionale Ordnung Manhattans veränderte.
Eine erste Folge des Projekts war das massive Anwachsen des Pendlertums. Gouverneur Rockefeller befürwortete daher bereits im Jahre 1966 die Errichtung einer neuen eigenen Stadt am Wasser, die neben dem World Trade Center angesiedelte Battery Park City. Diese sollte das Pendlertum regulieren und vom Standort des neuen Wolkenkratzers profitieren.
Der erste Entwurf für Battery Park City aus dem Jahre 1966 stammt von Wallace Harrison und Mitarbeitern. In der Tat entsprechen Battery Park City, Roosvelt Island und das World Trade Center in ihrer Einheit, so Tafuri und Dal Co, der Realisation, so wie sie von Hood im seinem Programm "Manhattan 1950" vorgesehen war.
Die Betrachtungen zum Projekt führen unausweichlich auch zum Urheber: Minoru Yamasaki (1912-1986) verdankt seine Bekanntheit als Architekt eben dem World Trade Center, bei dessen Errichtung er von Emory Roth unterstützt wurde. Es steht jedoch fest, dass die Architekturhistoriker und Kritiker von den Werken des japanisch-amerikanischen Architekten den St-Louis-Flughafen, der 1935-55 in Zusammenarbeit mit G.F. Hellmuth und J. Leinweber entstand, oder die Society of Arts and Crafts, das American Concrete Institute in Detroit aus dem Jahre 1959 oder auch das Reynold Metals Office von 1959, ebenfalls in Detroit, bevorzugen.
Besonders typisch und geschätzt sind Yamasakis Gewölbe, die die Struktur der Wandelemente häufig mit Verkleidungen aus Betonmodulen oder anderen Agglomeraten bedecken. Nach seinem Architekturstudium an den Universitäten von Washington und New York arbeitete Yamasaki bei Shreve, Lamb und Harmon, den Architekten des Empire State Buildings, wo möglicherweise der Wunsch entstand, sich eines Tages mit den Werken der Meister messen zu können, wobei Yamasaki vor allem Mies Van der Rohe und Le Corbusier als seine Vorbilder ansah.
Es sind vor allem die geometrischen Unterteilungen, die gewichttragenden Säulen (Pilotis) und die Glaswände, die uns allen von jenem World Trade Center in Erinnerung bleiben, das zu Anfang der 60er Jahre (1962) geplant wurde, das 1964 Formen anzunehmen begann, mit dessen Bauarbeiten 1966 begonnen wurde, und das schließlich 1973 (der erste Turm bereits 1971) eingeweiht wurde.
Das für jene Epoche sensationelle, von der Port

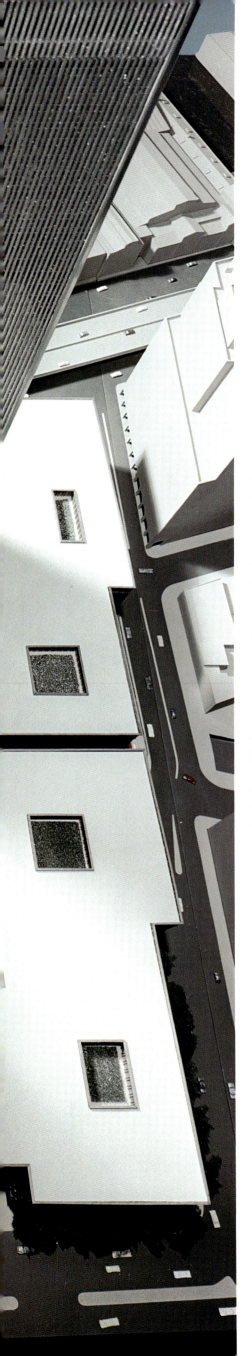

Authority of New York und New Jersey angeregte Projekt, das in der Absicht gebaut wurde, einen sichtbar ambitionierten Finanzdistrikt in einem Notstandsgebiet ins Leben zu rufen, belegte eine Gesamtfläche von etwa 64.000 Quadratmetern: Allein die Plaza am Fuße der Türme maß 20.000 Quadratmeter. Yamasaki glaubte an das Projekt, das ihm anvertraut war und erklärte: "Das World Trade Center soll eine lebendige Verkörperung des Glaubens an die Menschlichkeit sein. An das Bedürfnis, die Würde des Einzelnen zu wahren und an die Fähigkeit zur Größe durch Zusammenarbeit und Vertrauen."

Eben diese Größe ist unbestreitbar präsent im 10 Jahre verschlingenden Projekt, das neben den beiden Türmen (WTC 1 und 2) fünf Bauwerke und eine unterirdische Mall umfasste. Das WTC 3 war das Marriott Hotel (ehemals Vista Hotel, das 1971 nach Plänen von Skidmore, Pwings und Merrill errichtet wurde). Das WTC 4 beherbergte die Warenterminbörse: Das WTC 6 war ein achtstöckiger Palast, in dem sich der Zoll (U.S. Customs House) befand.

Allein das für die Twin Towers verwendete Glas - 20.000 Quadratmeter für die Fassade - hätte für den Bau von 3600 Häusern genügt. Die Verwirklichung der beiden Bauten, die beide etwa 410 Meter hoch und 60 Meter breit waren, 110 Stockwerke und 104 Aufzüge besaßen, verschlang 200.000 Tonnen Stahl. Es wurden 4800 Kilometer Kabel verlegt, um dem täglichen Stromverbrauch, etwa 80.000 Kilowatt, entsprechen zu können. Die in drei vertikale Zonen unterteilten Gebäude standen auf Fundamenten, die 21 Meter tief in den Schieferfelsen staken. Es gab etwa 43.000 Fenster, wobei jedes einzelne gerade 55 Zentimeter breit war.

Die Anlaufphase bestand aus dem Säubern und Ausheben von 1.116.000 Quadratmetern Baufläche, wobei bei den unterirdischen Bauarbeiten die neuralgischen Punkte der Eisenbahn, der Untergrundbahn und die Fußgängerdurchgänge mitberücksichtigt werden mussten.

Yamasaki fertigte hunderte von Modellen an, bevor man sich für die zwei Türme entschied, die einen bahnbrechenden Kompromiss

---

40
AM MODELL DES WORLD TRADE CENTERS SIND DIE RIESIGEN AUSMAßE (ETWA 20.000 QUADRATMETER) DER PLAZA ZU FÜßEN DER TÜRME UND DIE "NORMALE" HÖHE DER ÜBRIGEN GEBÄUDE DEUTLICH ERKENNBAR.

41 OBEN
INITIATOR UND TREIBENDE KRAFT DER ERRICHTUNG DES WORLD TRADE CENTERS WAR DIE PORT AUTHORITY VON NEW YORK UND NEW JERSEY. AUF DER FOTOGRAPHIE SIEHT MAN DEN EINGANG ZUM INFORMATION OFFICE.

42 OBEN UND 43 OBEN
YAMASAKI FERTIGTE ETWA HUNDERT MODELLE AN, BEVOR DIE ENDGÜLTIGE WAHL AUF DIE ZWILLINGSTÜRME FIEL. ES STANDEN AUCH LÖSUNGEN MIT MEHREREN, ALLERDINGS KLEINEREN TÜRMEN ZUR DEBATTE, ALS KOMPROMISS FÜR DIE FORDERUNGEN DER PORT AUTHORITY NACH EINER BESTIMMTEN ANZAHL AN BÜRORÄUMEN.

42-43 UNTEN
MINORU YAMASAKI SCHIEN MIT DER DISKUSSION ÜBER DIE BENÖTIGTE FLÄCHE FÜR SEIN PROJEKT ALLE ZWEIFEL BESEITIGEN ZU WOLLEN: DIE CIRCA 64.000 QUADRATMETER, DIE DIE PA IN EINER WIRTSCHAFTLICH SCHWACHEN GEGEND ERWARB, WAR FÜR EIN BAUWERK GEDACHT, DAS NACH YAMASAKI "DIE LEBENDE DARSTELLUNG DES GLAUBENS DER MENSCHEN IN DIE MENSCHLICHKEIT" SYMBOLISIEREN SOLLTE.

darstellten. Diese Option bot die Möglichkeit, 837.000 Quadratmeter Bürofläche zu schaffen. Der Architekt orientierte sich beim Entwurf der Türme an den Konstruktionsrichtlinien von Wolkenkratzern, dem wichtigsten Beitrag der Vereinigten Staaten zur Architekturgeschichte, indem er sich geschickt des Materials und der Technologie bediente. Die Form war schlicht und wirkungsvoll: Die 60 Meter breiten Fassaden waren Stahlkäfige aus vorgefertigten Sektionen (Modulen von 10x3 Metern), und fähig, der Beanspruchung von Wind und seismischer Belastung zu widerstehen, ohne gleichzeitig auf das Innere des Gebäudes Stöße zu übertragen oder es zu belasten: ein höchst strapazierfähiges und leichtes Gebäude ohne Innensäulen. Zwar waren die Twin Tower so entworfen, dass sie in der Lage gewesen wären, Witterungseinflüssen und seismischen Ereignissen und sogar möglichen Unfällen standzuhalten (einschließlich einer Kollision mit einem Flugzeug): Dem Brand, der am Tag des Attentats durch die jeweils 60-70 Tonnen Kerosin der beiden Maschinen entstanden war, konnten sie jedoch nicht trotzen. Die daraus entstandene Hitze löste buchstäblich den Zement vom Stahl und dieser, seiner charakteristischen Widerstandskraft und Flexibilität beraubt, gab dem Gewicht des Gebäudes nach. Es ist sicher geboten, wenn auch noch zu früh, für das Areal eine neue Zukunft zu entwerfen und den aufkeimenden Streit zu dokumentieren, der die Verfechter eines Erinnerungsortes der Partei der "Wiedererbauer" gegenüberstellt. Renzo Piano, der kürzlich das Bauprojekt für den neuen Sitz der New York Times, nicht weit vom Schauplatz der Tragödie entfernt, zugesprochen

bekommen hatte, favorisiert die Errichtung neuer Wolkenkratzer, allerdings in geringerer Höhe (200 Meter). Spektakulärer und an der Grenze zum Kitsch anzusiedeln ist der Vorschlag von zwei Künstlern und zwei Architekten (Julian La Verdiere und Paul Myoda, John Bennet und Gustavo Monteverdi), der eine vorübergehende Schöpfung zweier Lichttürme vorsieht, als diaphane Darstellungen der sich früher dort befindlichen Türme.
Schlichter und realistischer ist das, was von einem der berühmtesten, umstrittensten und kühnsten Projekte der amerikanischen oder sogar weltweiten Architekturgeschichte übrigbleibt: das Bewusstsein seiner Abwesenheit, das sich gleichzeitig als Erinnerung und Ermahnung manifestiert.

44 KAPITEL

44
Für Fotoarbeiten wurde ein großes Relief installiert: Die Größe der früheren Gebäude und die majestätische Höhe der Türme sind durch die Orientierung am menschlichen Maßstab klar erkennbar. Die Türme würden in vollendetem Zustand die umliegenden Gebäude weit überragen.

45
Der Architekt Minoru Yamasaki war wohl hin und her gerissen zwischen der Vorstellung eines gelungenen Designs und den Gedanken an die noch zu bewältigende Ausführung mit unvermeidlichen Verbesserungen und Unvorhersehbarkeiten am Bau. Von Beginn der Aushebearbeiten im Jahre 1966 bis zur Einweihung im Jahre 1973 vergingen sieben Jahre. Aber bereits 1971 erwachte das World Trade Center zum Leben.

DAS PROJEKT UND DIE ARCHITEKTUR

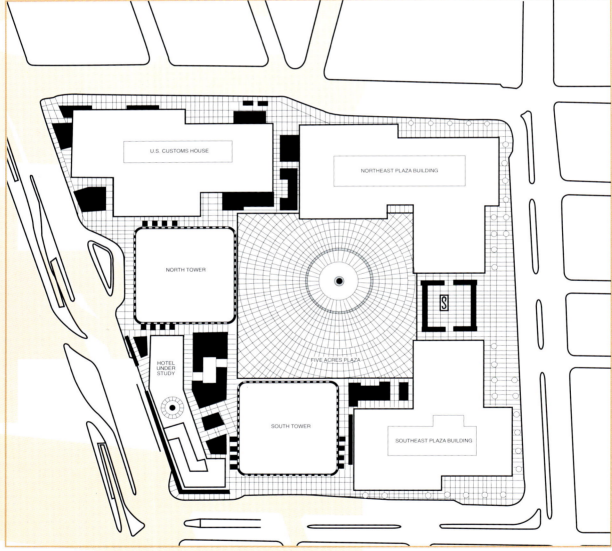

46 OBEN
Aus dieser Perspektive des Reliefs scheint die eigentlich riesige Plaza zu Füßen der Türme von deren Größe erdrückt zu werden.

46 UNTEN
Vielleicht wollte der Architekt durch die hier dargestellte Pflasterung der Plaza das streng rechtwinkelige Design des Gebäudes mildern.

47
Das Modell zeigt deutlich die drei Module der Türme. Sie wurden aus etwa hundert Modellen als idealer morphologischer Kompromiss ausgewählt.

48-49
Um ausreichend Fundamente für die Verankerung der Türme im Boden zu garantieren, war es nötig, über 20 Meter Felsen zu entfernen. Der hier dargestellte apokalyptische Abgrund ist mit Gerüsten für die Aushebearbeiten ausgestattet.

48 unten
Unter jedem Stockwerk verliefen die Versorgungsanlagen, die Luftschächte und die Telefonkabel: Die Gebäude waren mit komplexen und für damalige Verhältnisse modernsten Heizungs- und Energiesystemen ausgestattet.

49 unten
Unter dem World Trade Center erstreckte sich eine weitere Stadt, mit Parkplätzen, Metro- und Eisenbahnlinien, kilometerlangen Kabeln und für das Funktionieren der vertikalen Metropole benötigten Anlagen.

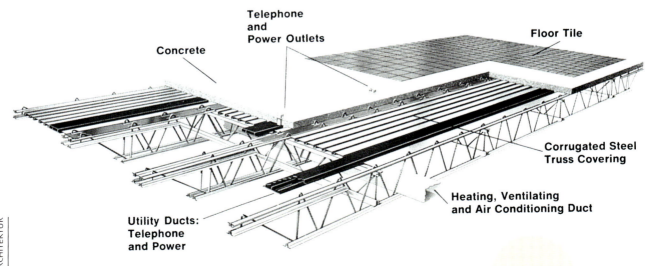

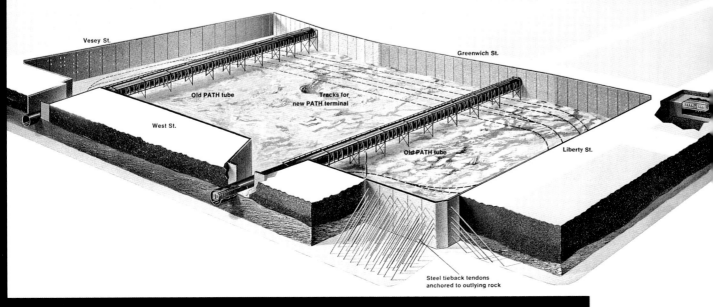

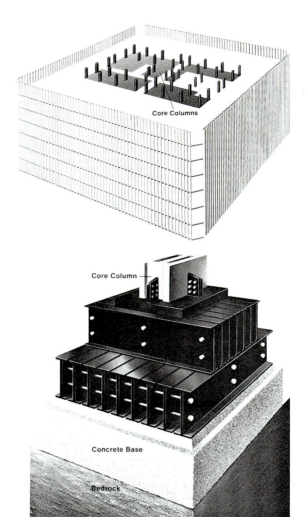

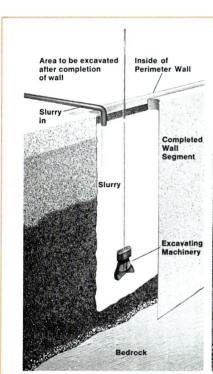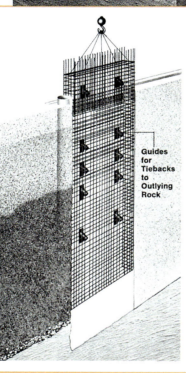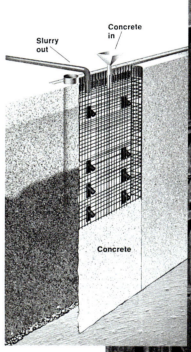

50 OBEN
DIESE AUFNAHME ZEIGT DIE STÄHLERNE TRÄGERSTRUKTUR DER TÜRME UND DIE VERANKERUNG DER METALLSÄULEN MIT IHREM ZEMENTIERTEM SOCKEL.

50 MITTE
DIE 3 x 10 METER GROSSEN STAHLMODULE STAKEN AUS DEM FUNDAMENT HERVOR, UM DIE ZUR ZEIT DER EINWEIHUNG HÖCHSTEN GEBÄUDE DER WELT ZU STÜTZEN.

50 UNTEN
DIE ABBILDUNGEN ZEIGEN DIE DIVERSEN BAUPHASEN: DIE AUSHEBUNG, DAS EINFÜGEN DES VERSTÄRKENDEN GERÜSTES UND DAS SETZEN DER FUNDAMENTE DER UMFASSUNGSMAUERN.

51
DIESE AUFNAHME BIETET EINBLICK IN DIE TIEFE DER FUNDAMENTE: RECHTS ERKENNT MAN DIE UMFASSUNGSMAUERN, LINKS IST DAS STAHLGERÜST AUFGEZOGEN.

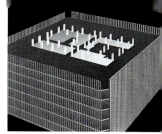

52
Das Konstruktionssystem der Twin Towers ist hier genau zu erkennen: ein Trägerkern, die Aufzugschächte und -anlagen und das starke "selbsttragende" Umfassungsgerüst.

53 oben
Die nackte Struktur des Stahlgerüstes ist noch nicht mit den durchgehenden Reihen kleiner (nur 55 Zentimeter breiter) Fenster bedeckt. Diese ließen den Bau später harmonisch streng und flexibel erscheinen.

53 Mitte
An der Abbildung erkennt man, wie die vorgefertigten Teile der Böden auf dem Mittelkern und auf dem starken Umfassungsbereich ruhten.

53 unten
Mit der Verankerung der Stahlmodule waren spezialisierte Stahlbauer beschäftigt, die es gewohnt waren, auf dieser Art von Baustellen zu arbeiten.

54

KAPITEL 2

54-55
Eindrucksvolle Aufnahme von Lower Manhattan mit den noch nicht fertiggestellten Türmen, die aber bereits stolz Präsenz zeigen. Das für den Bau verwendete Glas hätte für die Bedürfnisse einer Stadt mit 10.000 Einwohnern genügt.

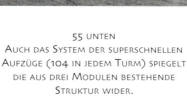

55 OBEN
An der vertikal orientierten Fassade ist eine horizontale Unterbrechung bei einem Drittel (und noch einmal bei zwei Dritteln) der Höhe zu erkennen. Yamasakis Design betonte damit, dass die Türme aus drei fast identischen Blöcken zusammengesetzt waren.

55 UNTEN
Auch das System der superschnellen Aufzüge (104 in jedem Turm) spiegelt die aus drei Modulen bestehende Struktur wider.

KARTE DER KATASTROPHE

EINGESTÜRZTE GEBÄUDE:
- 1 - 1 World Trade Center
- 2 - 2 World Trade Center
- 3 - 7 World Trade Center
- 4 - 5 World Trade Center
- 5 - North Bridge

TEILWEISE EINGESTÜRZTE GEBÄUDE:
- 6 - 6 World Trade Center
- 7 - Marriott Hotel
- 8 - 4 World Trade Center
- 9 - One Liberty Plaza

SCHWER BESCHÄDIGTE GEBÄUDE:
- 10 - East River Savings Bank
- 11 - Federal Building
- 12 - 3 World Financial Center
- 13 - St. Nicholas Church
- 14 - 90 West Street
- 15 - Bankers Trust
- 16 - South Bridge

GEBÄUDE MIT STRUKTURELLEN SCHÄDEN:
- 17 - Millennium Hilton
- 18 - 2 World Financial Center
- 19 - 1 World Financial Center
- 20 - 30 West Broadway
- 21 - Winter Garden
- 22 - N.Y. Telephone Building
- 23 - 4 World Financial Center

Legende

- Eingestürzte Gebäude
- Teilweise eingestürzte Gebäude
- Schwer beschädigte Gebäude
- Gebäude mit strukturellen Schäden
- Beschädigte, aber stabile Gebäude, die nach Instandsetzung oder Säuberung wieder bezogen werden können
- Gebäude, die einer Säuberung bedürfen
- Intakte Gebäude

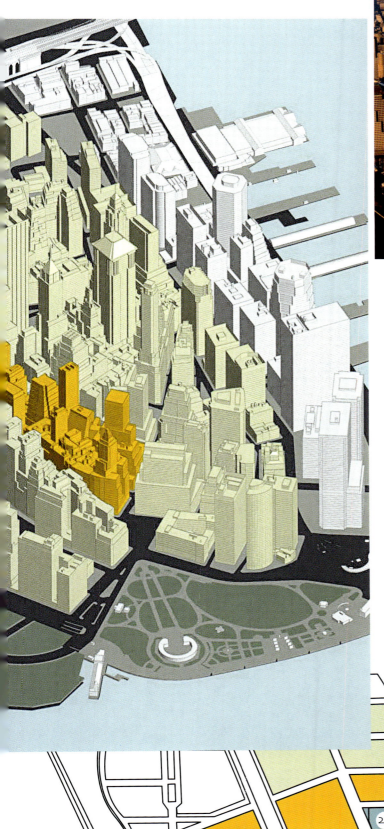

66 oben und 67 unten
Hier ist die Situation vor dem Attentat des 11. September und nach der Katastrophe abgebildet. Eine erstaunlich große Anzahl an umliegenden Gebäuden erlitten schwere strukturelle Schäden.

67 oben
Das neue World Financial Center ist komplett: Westlich des World Trade Centers entstanden die Türme auf der Landaufschüttung im Hudson, angrenzend an die Battery Parc City, nach dem Design von César Pelli (1981-1987).

68 und 69
Lower Manhattan in einer Luftaufnahme kurz vor und nach dem schrecklichen Attentat am 11. September.

DAS PROJEKT UND DIE ARCHITEKTUR

67

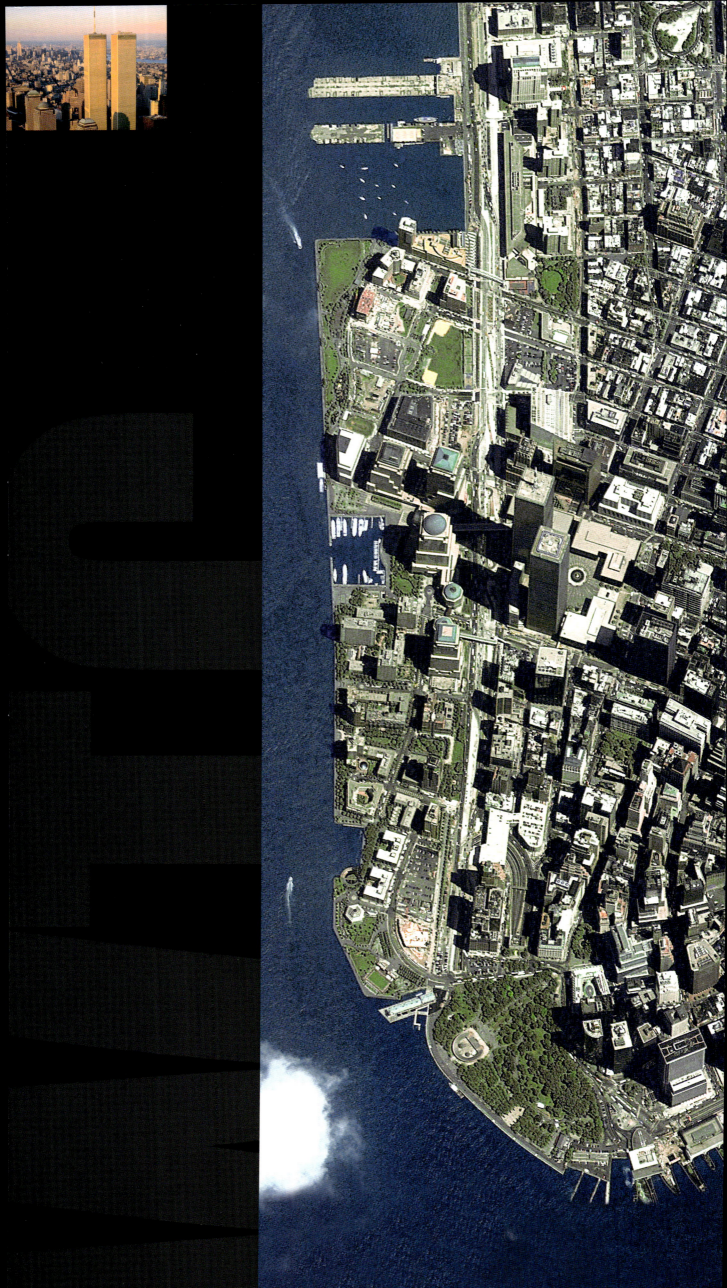

world tra

DAS WORLD TRADE CENTER
VON NEW YORK IM FILM
UND IN DEN MEDIEN

KAPITEL

72
MAI 1983. EBENSO WIE SEIN VORGÄNGER GEORGE WILLIG ERKLETTERTE AUCH DANIEL GOODWIN DEN NORDTURM, GLÜCKLICHERWEISE FOLGTEN DIE EINWOHNER NEW YORKS NICHT MASSENWEISE DIESEM BEISPIEL.

73
AM 7. AUGUST 1974 ZOG PHILIPPE PETIT DIE BEWUNDERUNG DER WELT MIT EINEM TOLLKÜHNEN DRAHTSEILAKT AUF SICH. SEINE SICHERHEIT BASIERTE AUF PROFESSIONALITÄT UND VORBEREITUNG.

Plötzlich verwandelten sich die Twin Towers in Symbole. Auf der einen Seite wurden sie von fast allen Architekturkritikern und von Verfechtern einer höheren Ästhetik verdammt oder entwertet: Die Türme waren zu protzig, zu groß und zu dominant, sie zerstörten das Stadtbild und überluden die Gegend. Auf der anderen Seite wurden sie von allen New Yorkern als Symbole der Dynamik und Energie der Stadt und als Spiegelbild ihres Enthusiasmus für das "Bessere" und "Neue" bewundert, trotz oder gerade wegen ihrer Größe. Drei Episoden, die sich innerhalb von fünf Jahren ereigneten und einzigartig in der Geschichte der Stadt waren, verleihen den Twin Towers eine besondere Mystik, einen Magnetismus, der den New Yorkern zeigte, dass die beiden Wolkenkratzer die menschliche Phantasie herausforderten. Die als schlichte Bauten geltenden Türme hatten sich bereits mit einer Reihe von Rekorden Zugang in die Annalen verschafft. Nun errungen sie durch ihre schlichte und einfache Existenz neue Trophäen.

Das erste Ereignis begab sich am 7. August 1974, einem Tag, an dem die New Yorker ihre Häuser verließen, um zur Arbeit zu gehen, und überrascht feststellten, dass Philippe Petit, ein vierundzwanzigjähriger Franzose, ein Seil von einem Turm zum anderen gespannt hatte und dort einige Male elegant und scheinbar mit Leichtigkeit hin- und her spazierte. Berichten zufolge hatten die PA, die Polizei und das Publikum große Angst, nur Philippe nicht. Das zweite Vorkommnis ereignete sich etwas mehr als ein Jahr später, am 22. Juli 1975. An jenem Morgen vollzog Owen Quinn, ein vierundzwanzigjähriger New Yorker, einen Fallschirmsprung vom Dach des Nordturmes. Obwohl nur von kurzer Dauer und nicht besonders kompliziert, war das Unternehmen spektakulär und nicht risikolos. Nach der bis auf einige blaue Flecken gelungenen Landung klagte ihn die Port Authority wegen unerlaubten Zugangs zum Gebäude an und hoffte, damit weitere Wagemutige zu entmutigen. Ohne Erfolg. Am 26. Mai 1977 stellte ein anderer New Yorker, der siebenundzwanzigjährige George Willig, einen beeindruckenden Rekord auf. Er verwendete Saugnäpfe, die er so präpariert hatte, dass sie an den Rillen der Fassade festhielten, und kletterte innerhalb von drei Stunden von unten auf das Dach, eine Zeitspanne, die den Medien sehr entgegenkam, weil er solange die Aufmerksamkeit eines Publikums auf der ganzen Welt auf sich zog.

Die Twin Towers machten ohne große Mühe für sich selbst Werbung. Die 20.000 Quadratmeter große Plaza zu ihren Füßen war eine Fußgängerzone mit einem riesigen Springbrunnen und einer großartigen runden Skulptur aus Bronze, die einen gelungenen Kontrast zur strengen Vertikalität der Türme bildete. Dank eines Kalenders voller geplanter und spontaner Ereignisse (Musik, Theater u.s.w.) war die Plaza eine ständig wechselnde Bühne: Größer als die Piazza San Marco in Venedig, bildete sie einen natürlichen Ausgangspunkt für vielerlei Vergnügungen. Von hier aus führte eine Brücke zum World Financial Center und zum Winter Garden mit Blick auf das Meer, die Battery Parc City und den Hudson. Im Süden bestimmte die Freiheitsstatue, das berühmteste Symbol des New Yorker Hafens, das Panorama. Unter der Plaza erstreckte sich das Handelszentrum des Concourse, ein wahrer Magnet für Kauflustige.

Zwei weitere lohnende Attraktionen lockten Touristen und New Yorker zu den Twin Towers. Im Dezember 1975 wurde im 107. Stock des Südturmes das Observation Deck eröffnet, ein geschlossener Aussichtsraum, von dem aus man Zugang zum Dach hat. Die Terrasse war sofort ein Erfolg: Sie übertraf zwar nicht die Höhe der freien Aussichtsterrasse im 86. Stock des Empire State Buildings, aber von beiden Decks konnte man ein wunderbares Panorama zumindest in eine Richtung genießen. Das Observation Deck des World Trade Centers bot atemberaubende Ausblicke in Richtung Süden, auf den New York Harbor und Brooklyn, während von der Aussichtsterrasse des Empire State Buildings in nördliche Richtung der Central Park zum Greifen nahe schien. Beide Terrassen zogen jährlich über 1,5 Millionen zahlende Besucher an und machten einander keine Konkurrenz.

Im April 1976 eröffnete im 107. Stock des Nordturmes das noble Restaurant *Windows on the World*, das sich mit seinen phantasievollen Menüs und einer exzellenten Weinkarte schnell einen guten Ruf verdiente. *Windows on the World* servierte unzähligen New Yorkern und Touristen Mahlzeiten und Ausblicke

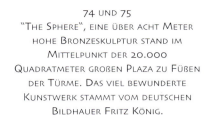

74 UND 75
"The Sphere", eine über acht Meter hohe Bronzeskulptur stand im Mittelpunkt der 20.000 Quadratmeter großen Plaza zu Füßen der Türme. Das viel bewunderte Kunstwerk stammt vom deutschen Bildhauer Fritz König.

ohnegleichen. Ein Aperitif oder ein intimes Essen über dem Lichtermeer der Stadt, über den Fähren von Staten Island, die wie Glühwürmchen das schwarze Wasser überquerten, waren das Ambiente für den Beginn zahlloser Liebesgeschichten.

In filmischer Hinsicht eroberten die Twin Towers sehr bald die Leinwand. Das 1976 erschienene Remake von "King Kong" (der Originalfim stammt von 1933) zeigt im unvergesslichen Finale den monströsen flüchtenden Gorilla, der sich von einem Turm zum andern hangelt, mit einer vor Schreck erstarrten Jessica Lange in den riesigen Händen, kurz vor dem fatalen Sprung. Dem Empire State Building hatten die Twin Towers diesmal auf spektakuläre Weise die Show gestohlen.

Vor allem, weil New York und Lower Manhattan seit jeher berühmte Filmkulissen waren, erschienen die Twin Towers mehr als einmal auf der großen Leinwand, wenn auch nur in flüchtigen Außenaufnahmen. Praktische Erwägungen und Sicherheits- und Kostengründe machten es sehr schwierig, die Sets zu installieren und im Inneren der Türme zu drehen. Dennoch konnten sie sich in einer Reihe von Filmen als Attrappe oder in natura durchsetzen. Zu den berühmtesten Filmen zählen der nostalgische Streifen "Manhattan" von Woody Allen (1979 mit Diane Keaton und Meryl Streep), "Escape from New York" (1981, mit Kurt Russel), das die Türme in einem phantastischen Horror-Szenario erscheinen lässt, "Wall Street" (1987, mit Michael Douglas und Charlie Sheen) und "Working Girl" (1988, mit Sigourney Weaver und Harrison Ford), ein Film, in dem die ehrgeizige Melanie Griffith sehnsüchtig die Twin Towers, Symbole unbegrenzten Ehrgeizes und ausdrucksstarke Hommagen an den Erfolg, betrachtet. "Godzilla" schließlich (1998, mit Matthew Broderick und Maria Pitilli) stand für die Rückkehr zum phantastischen Film.

1980 war das Bild der Twin Towers bereits fest im Bewusstsein der Menschen verankert und ihre Bedeutung hat sich seither nicht verringert. Channel 11, einer der wichtigsten Fernsehsender von New York, adaptierte das Profil der Türme, verwendete es als Logo und plazierte es von morgens bis abends auf unzähligen Fernsehbildschirmen. Spirituosenhersteller, einschließlich Bourbon und Bacardi, verwerteten das Bild der beiden Türme bei großen Werbekampagnen und viele andere Firmen setzten sie auf Waren, auf Einkaufstaschen und Werbeartikeln ein. Kunstphotographen knipsten sie aus unzähligen Blickwinkeln: als vertikale Kerzen in der Dämmerung, durchschnitten von der horizontalen Krümmung der Brooklyn Bridge oder als

Wächter über den Hafen, über der vertrauten Fackel der Freiheitsstatue oder als Umrahmung der klassischen Fassade der St. Paul's Chapel. Von New Jersey, Staten Island, Brooklyn oder Long Island kommend, beherrschten die Twin Towers das Profil der Stadt. Sie waren nicht nur einfach da: sie strahlten eine eindrucksvolle Präsenz aus. Von der Brooklyn Highland Esplanade aus gesehen besaßen sie eine fast magische Aura. Sie leuchteten im klaren Licht eines Frühlingsmorgens; in der Dämmerung des Winters erschienen sie als riesige Lichtpfeiler im dunklen Himmel.

Die Twin Towers mit vielen ihrer Nebengebäude gibt es nicht mehr. Sie wurden durch einen wahnsinniger Akt sinnlosen Hasses ausgelöscht. Zweifellos werden neue Bauten entstehen. Einige Menschen sprechen sich nun für ein von einem Park umschlossenes Erinnerungsgebäude aus, andere wiederum sind dafür, die Zone mit Wohnungen zu bebauen, wieder andere wollen sich der Herausforderung stellen, das World Trade Center mit seinen Türmen und den dazugehörigen Gebäuden wieder aufzubauen. Die wirtschaftlichen und demographischen Bedingungen und die Arbeits- und Transportsituation unterscheiden sich erheblich von denen der siebziger Jahre, so dass ein derartiges Projekt einer sensiblen Berücksichtigung neuer Kriterien unterliegen müsste. Es ist noch viel zu früh, Pläne und Tabellen zu studieren: Das Kapitel ist noch nicht abgeschlossen, die Tragödie ist noch zu frisch, die Wunden sitzen noch zu tief. Die negativen Seiten des World Trade Center aber seier vergessen! Minoru Yamasaki, der nachdenkliche Urheber des Projektes World Trade Center umschrieb die Bedeutung der Bauten mit folgenden unübertrefflichen Worten:

"Weltwirtschaft bedeutet Weltfrieden, deshalb waren die Gebäude des World Trade Centers in New York zu Höherem als der schlichten Bereitstellung von Wohnraum berufen. Das World Trade Center ist ein lebendiges Symbol der Hingabe des Menschen an den globalen Frieden (...) Über die absolute Notwendigkeit hinaus, aus dem World Trade Center ein Monument des Friedens zu machen, muss das Gebäude aufgrund seiner Bedeutung zur Verkörperung des Glaubens an die Menschlichkeit, ihres Bedürfnisses nach individueller Würde und an die Fähigkeit zur Größe durch Zusammenarbeit und Vertrauen werden".

76 OBEN
AN EINEM KLAREN TAG HATTE MAN VOM AUSSICHTSDECK DES SÜDTURMS AUS EINE FERNSICHT VON MINDESTENS 70 KILOMETERN IN ALLE RICHTUNGEN. DAS WUNDERBARE PANORAMA DES NEW YORK HARBOR ERINNERT DARAN, DASS DIE STADT EINST ALS HAFEN ENTSTANDEN WAR.

76-77
EIN PURIST KÖNNTE DAS WORLD FINANCIAL CENTER UND DAS WORLD TRADE CENTER ALS REINE "BUSINESS-BAUTEN" BEZEICHNET. DER GROßTEIL DER ÖFFENTLICHKEIT ABER WAR VON DER KOMBINATION AUS FORM, STRUKTUR UND GESTALTUNG FASZINIERT.

77 UNTEN
DER WINTER GARDEN VERLIEH DER GESCHÄFTIGEN ATMOSPHÄRE DES ANGRENZENDEN WORLD FINANCIAL CENTERS UND DES WORLD TRADE CENTERS EINE WUNDERLICHE ELEGANZ. EIN KALENDER VOLL KULTURELLER EREIGNISSE MACHTE IHN ZU EINEM BEI NEW YORKERN UND TOURISTEN BELIEBTEN "FORUM".

78
Helen Frankenthaler, eine gefeierte, dem abstrakten Expressionismus zugewandte New Yorker Malerin ist die Urheberin dieses Werk in der Lobby eines der Türme.

79
Bereich einer vom Turm "umhüllten" Lobby mit dem Aufzugsgehäuse auf der linken Seite. Schlichtheit und Weiträumigkeit waren grundlegende Elemente des World Trade Centers.

80 unten
"Rendezvous an den Fenstern zur Welt": Design, Décor, köstliche Speisen und Weine, Atmosphäre und Augenblick: Dies alles gehört zu den Eindrücken von New York, die man nicht missen sollte.

80-81
Der Winter Garden verlieh dem World Trade und dem World Financial Center eine eigenwillige Note. Seine spektakuläre Beleuchtung machte die vielen dort stattfindenden kulturellen Ereignisse zu unvergesslichen Erlebnissen.

82 und 83
Die Verfilmung von "King Kong", dem Film von John Guillermin aus dem Jahre 1976, beinhaltete Szenen mit großen Menschenmengen, besonders beim Todessturz des Gorillas auf die Plaza. Die New Yorker nahmen begeistert an den Dreharbeiten teil ...

84 und 85
Das außerirdische Raumschiff in "Independence Day" wirft einen gigantischen Schatten und bedroht die Twin Towers, New York und die gesamte Nation. In "Men in Black" scheinen sich die harten Jungs, die die USA retten, gut zu amüsieren.

world tra

WTC: DAS NEUE HERZ
DES FINANZVIERTELS

KAPITEL

88
Hoch hinter dem World Financial Center reflektieren die Twin Towers das goldene Licht der späten Nachmittagssonne.

89
Zwei New Yorker Ikonen grüßen sich: Lady Liberty und die Twin Towers.

Die ganzen dreißig Jahre seiner Existenz war das World Trade Center - die Twin Towers und die fünf kleineren Gebäude, das Marriott Hotel eingeschlossen - der Motor der Wiederbelebung Lower Manhattans und des Financial Districts, des Finanzviertels von New York. Für Milliarden von Menschen auf der ganzen Welt symbolisierten die beiden identischen Wolkenkratzer die Macht des amerikanischen Kapitalismus. Dies war jedoch nicht das Hauptziel des Projektes und daher ist es wichtig, daran zu erinnern, wer das World Trade Center finanzierte und wer es erbaute, was seine Intention war und wie sich diese Intention mittels natürlicher Synergien erweiterte und veränderte. Reichlich ironisch ist die Tatsache, dass die glänzende, kühne und höchst gewungene Idee des World Trade Centers auf eine wichtige, aber profillose Regierungsbehörde zurückgeht, die sich durch Flughafen- und Hafensteuern und Brücken- und Tunnellgebühren selbst finanzierte und damit beträchtliche Überschüsse ansammelte, die sie reinvestieren musste. Diese besagte Behörde war die Port Authority von New York und New Jersey (PA), die 1921 "zur Verbesserung von Verkehr und Handel" gegründet worden war. Zu Anfang konzentrierte sich die Hauptaktivität der PA auf Hafenangelegenheiten an der Küste New York - New Jersey. In den dreißiger Jahren errichtete die Behörde die George Washington Bridge über den Hudson, einen Verbindungsweg zwischen New York und New Jersey. Sie leitete auch die damals vorhandenen Flugzeuglandeplätze. Nach dem Zweiten Weltkrieg erbaute sie neue und weitaus größere Flughäfen.

Gegen Ende der fünfziger Jahre gab es im Seeverkehr viele Konkurrenten, aber wenig Expansion. New York saß in der Klemme: Fast alle Docks mussten im Laufe der 60er Jahre schließen. Sie waren das Opfer ständig verstopfter Zugangsstraßen, ihrer Abhängigkeit von Lagerplätzen und der gestiegenen Kosten von Arbeitskräften. Auf der Seite von New Jersey war das Ambiente für Docks günstiger und die PA dynamischer, so dass zwischen Ende der Fünfziger und Anfang der Sechziger die Authority dort Port Elisabeth und Port Newark als hoch effiziente neue, für riesige Fracht- und Tankschiffe ausgerichtete Häfen errichtete. Anfang der Sechziger verfügte die PA über Fonds und bedurfte öffentlicher Projekte zum Spenden. Die Verwirklichung eines internationalen Verkehrszentrums war eine der Optionen, die bald vom Finanzsektor (lose vereinigten Banken, Immobilienmagnaten und die wichtigsten Privatinvestoren) unterstützt wurde. Man war sich darüber bewusst, wie sehr ein neuer Bürokomplex Lower Manhattan, ein wenige Minuten von der Wall Street entferntes Viertel, aufrichten würde. Wenn die finanziellen Ressourcen der PA den größten Teil der Kosten decken oder diese sogar ganz übernehmen würden, um so besser. Wenn dann die PA entsprechend ihrer Grundregel "Verbesserung von Handel und Verkehr" eine größere Anzahl von Firmen in die Aktivitäten des WTC miteinbeziehen würde, noch besser: Die Beziehung zwischen diesen Unternehmen und den Geschäftsleuten der Wall Street würde eher kollaborativer als kompetitiver Art sein.

Am Ende der 60er Jahre war die Region New York - New Jersey als Zentrum des Verkehrs und des internationalen Seetransports in Niedergang begriffen, während Houston und New Orleans auf diesem Sektor immer wichtiger wurden. New York bedurfte eines sensationellen Programmes, eines erstklassigen Projekts, das der Stadt und der Region ermöglichen würde, ihre Vorherrschaft auf dem Gebiet der kommerziellen und assoziativen Finanzen wiederzuerlangen. Ganze Stadtgebiete waren dem Verfall preisgegeben: Lower Manhattan bedurfte dringend eines neuen Lebenssaftes: Es hatte von der urbanen Erneuerung nichts zu spüren bekommen und sein Verfall war offensichtlich. Das Gebiet am Ufer des Hudson nordwestlich der Wall Street, besonders etwa dreißig Häuserblocks mit alten kleinen, niedrigen und mittelgroßen Handelsgebäuden, war reif für eine Neuentwicklung. Die Errichtung eines brandneuen Welthandelszentrums für Import-Export-Firmen, für Seetransportunternehmen und Versicherungs- und Finanzgesellschaften konnte ein mächtiger Katalysator für den wirtschaftlichen Aufschwung sein. Kurz gesagt, das WTC war eine Idee, für die die Zeit reif war und unter diesem Aspekt war auch mit beträchtlicher politischer und finanzieller Unterstützung zu rechnen. Große Projekte versprechen das große Geld und jeder wollte dabei sein. Es gab unzählige Probleme zu lösen, wie z.B. die

90 UNTEN
EIN BLICK ENTLANG DES WEST SIDE HIGHWAY ZUM WORLD FINANCIAL CENTER BESTÄTIGT DAS GÄNZLICHE VERSCHWINDEN DES ZIVILEN UND HANDELSSCHIFFVERKEHRS VON MANHATTAN.

90-91
DIE GEKRÜMMTE STAHL- UND GLASKONSTRUKTION DES WINTERGARTENS STEHT IN SPEKTAKULÄREM KONTRAST ZUR VERTIKALEN MODULARITÄT DES NORDTURMS.

Dimension, die Zielsetzung, die Kontrolle über das Programm und seine Finanzierung, den Erwerb des Grundes, die Planung, den Transport und die Versteuerung. Die Staaten New York und New Jersey und die Stadt New York selbst hatten legitime, aber unterschiedliche Bedürfnisse. Wall Street, die Banken und die großen Finanziers hatten unterschiedliche und häufig einander zuwiderlaufende Interessen.

In dem Wissen, dass einige Industrien und Firmen von der Unternehmung bevorzugt würden, während andere daran Schaden nehmen würden (eingeschlossen die größeren Immobilieneigentümer und die Büroflächenvermieter) versuchten Immobiliengesellschaften und die wichtigsten Geschäfts- und Finanzgruppen dem Projekt zu Gestalt zu verhelfen. Zu den Gegenstimmen gehörten jene der Eigentümer, die enteignet werden sollten (kleine Firmen und Geschäfte), und der Bewohner, Stimmer, die sich überraschenderweise gut Gehör verschaffen und Sympathien in der Öffentlichkeit gewinnen konnten. Die PA war jedoch eine Regierungsbehörde mit weit reichender Machtbefugnis, die in der Lage war, Grund von Eigentümern zu "erwerben", die davon nichts wissen wollten. Immobilienbesitzer und Einzelhändler wurden auf dem "Altar des Fortschritts" geopfert.

Trotz der heißen Diskussion um den Eintritt der PA in die Wirtschafts- und Immobilienwelt verabschiedeten die auf wirtschaftliche Vorteile erpichten Staaten New York und New Jersey ein Gesetz, das der PA Aktivitäten ermöglichte. Sie erkannten, dass die älteren Handelsgebäude dabei waren, an neuere Bauten Mieter zu verlieren: Einige der Finanz- und Vermittlungsunternehmen waren bereits in neuere, effizientere und funktionellere Gebäude in Mid Manhattan umgezogen. Das World Trade Center würde zum Dynamo des wirtschaftlichen Aufschwungs und der urbanen Erneuerung Lower Manhattans werden, und deshalb wurden es verwirklicht. Das World Trade Center wurde niemals seinem Namen gerecht; Erwartung und Wirklichkeit drifteten immer weiter auseinander. Für ein Jahrzehnt bot es See- und Handelsgesellschaften und den damit verbundenen Aktivitäten Raum, ohne deren Zentrum zu werden. Der Staat New York und die PA vermieteten einen Großteil des Raumes. Dabei handelte es sich nicht im entferntesten um Wirtschaftsunternehmen. In den achtziger Jahren begannen sich die Mieten im World Trade Center von niedrigen zu mittleren bis hohen Marktpreisen zu entwickeln. Kleinere Mieter zogen aus. Banken, Maklerfirmen, Versicherungen und

WTC: DAS NEUE HERZ DES FINANZVIERTELS

92
Die geometrischen Formen und elegante Linienführung der Gebäude des World Trade Centers übten auf das Auge des Betrachters und das Objektiv des Fotografen eine unwiderstehliche Anziehungskraft aus.

93 unten
Die Twin Towers umrahmen die St. Paul's Chapel, die 1766 zwischen Broadway und Fulton Street erbaut wurde: Sie ist das älteste, sich noch in täglichem Gebrauch befindliche öffentliche Gebäude New Yorks.

Anwaltsbüros richteten sich ein und bildeten zusammen mit einer kleineren Menge an Handelsunternehmen ein breites Unternehmenssprektrum. Mit den Twin Towers, die das Gesicht der Skyline von Manhattan prägten, und der 20.000 Quadratmeter großen dynamischen Plaza, einem beliebten Treffpunkt zwischen den beiden Wolkenkratzern, begann das World Trade Center die Wall Street als Touristenanziehungspunkt von Lower Manhattan abzulösen. Im Laufe der achtziger und neunziger Jahre verwischte der Unterschied zwischen den beiden Arealen immer mehr. Die Einrichtung des Commodities Exchange (Rohstoffbörse) in Gebäude 4 des World Trade Center und die aus privaten Fonds subventionierte Errichtung des World Financial Centers westlich des World Trade Centers erweiterten endgültig das alte Finanzviertel, das traditionellerweise in der Wall Street angesiedelt war und sich auf den Südwesten konzentrierte. Für die jüngeren New Yorker und die Touristen jeden Alters symbolisierte das World Trade Center immer mehr den Financial District und dessen markantes Zentrum.
Sommer wie Winter strömen Besucher und Touristen über die überdachte Brücke zwischen dem World Trade Center und dem World Financial Center. Es ist ein gemächlicher Weg durch den eleganten Kristallpalast des Wintergartens, hinaus zum Hudson-Ufer, durch Parks und die schöne Esplanade, die den neuen Wohnblocks von Battery Park City Eleganz und Anmut verleihen.
Die Hauptroute leitet den Besucher zurück über eine zweite überdachte Brücke, in Richtung Süden, wo enge Straßen zur Wall Street führen. Schließlich ist man wieder beim World Trade Center und der riesigen Mall mit ihren Geschäften und Restaurants angelangt. Hier erfüllt eine enorme Vielfalt an größtenteils vornehmen Geschäften und Läden praktisch jeden erdenklichen Wunsch des Konsumenten. Der klimatisierte Concourse ist einen Besuch wert: Die quirlige enthusiastische Welt mit ihrer riesigen Auswahl an kulinarischer Köstlichkeiten ist ein Paradies für jeden, der der Routine entkommen möchte. Kein Bewohner, kein Arbeiter, Angestellter oder Tourist des Financial Districts könnte je die imponierende Präsenz der schlichten silbernen Twin Towers vergessen. Die beiden riesigen Türme und ihre Nebengebäude fassten eine dynamische Gemeinschaft von über 50.000 Menschen aus aller Welt: die besten, die schillerndsten und kühnsten, Menschen, die täglich auf unterschiedlichste Art ihr Glück suchten, Märkte

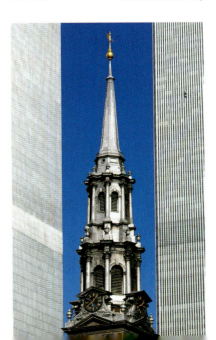

WTC: DAS NEUE HERZ DES FINANZVIERTELS

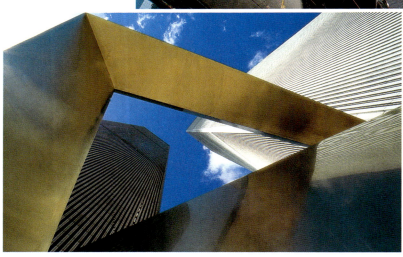

94
Die architektonische Realität des
WTC durch Umwandlung der
linearen Vertikalität in Krümmungen
und Diagonalen ständig wechselnder
Konfigurationen zu manipulieren, ist
eine faszinierende fotographische
Herausforderung.

95
Zwei Symbole nebeneinander gestellt:
Die Embleme der Nation und ihrer
wirtschaftlichen Macht streben gen
Himmel. An ihrem Sockel steht
Alexander Calders rote
Metallskulptur.

96 UND 97
DIE GROSSZÜGIG BEMESSENEN UND DOCH SCHLANKEN VERTIKALEN IN DEN LOBBIES DER TWIN TOWERS UND DIE DAZU IN KONTRAST STEHENDEN MUSKULÖSEN HORIZONTALEN STRUKTUREN SUGGERIEREN ZUSAMMEN KRAFT UND WEITE. FÜR DIE MENSCHENMASSEN, DIE DIE RIESIGEN VESTIBÜLE TÄGLICH VON 9 UHR MORGENS BIS 17 UHR ABENDS DURCHSTRÖMTEN, WAR DIES DIE ARCHITEKTONISCH PERFEKTE LÖSUNG.

erschlossen, Geschäfte machten und Geld und Güter investierten. Ihre Präsenz und Energie nährte den aus Restaurants und Geschäften, Basaren und Boutiquen, Cafés und Treffpunkten bestehenden Mikrokosmos. Hier war Lebensmut spürbar: Beim Spaziergang über die Plaza in der Mittagssonne eines wunderbaren New Yorker Tages oder im schimmernden Licht des frühen Abends lag eine Botschaft in der Luft: "Lebe deine Träume". Eine wirklich treffende Botschaft: Das als fast nicht zu verwirklichender Traum begonnene World Trade Center hatte sich, wenn auch nur für kurze Zeit, zu einem wahr gewordenen Traum, einer völlig neuen Welt entwickelt.

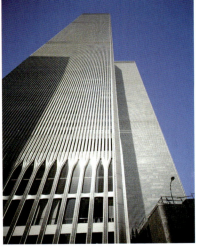

KAPITEL 4

WTC: DAS NEUE HERZ DES FINANZVIERTELS

97

VON SEITE 98 BIS SEITE 105
IM HERBST IST DER HIMMEL VON NEW YORK MEIST VERÄNDERLICH, ZUWEILEN LEUCHTEND KLAR, ZUWEILEN MIT WOLKEN BEDECKT. DAS PROFIL DER STADT VERÄNDERT SICH MIT DEM LICHT: EIN BEDECKTER HIMMEL UND SCHWACHE HELLIGKEIT LASSEN DIE FORMEN DER GEBÄUDE WEICHER ERSCHEINEN UND VERSCHLEIERN ARCHITEKTONISCHE DETAILS, DIE AN HEITEREN TAGEN GUT SICHTBAR SIND. BEWUNDERNSWERT IST DAS PANORAMA JEDOCH BEI JEDEM WETTER.

WTC: DAS NEUE HERZ DES FINANZVIERTELS

106
Wie überall in der Welt ist auch in Lower Manhattan die Stunde der Dämmerung besonders zauberhaft. Wenn es dunkel wird, verwandelt sich das Finacial District in ein Lichtermeer. Unter den Städten der Welt ist New York sicherlich die Königin der Nacht.

107
Die Twin Towers lenken den Blick unweigerlich gen Himmel. Man vergisst dann leicht das geschäftige Leben und den Verkehr der umliegenden Straßen und des Uferbezirks der Stadt, die "niemals schläft".

108-109
Die Brooklyn Bridge, das Meisterwerk des Ingenieurs John Augustus Roebling ("die acht Weltwunder") wurde 1883 eingeweiht. Heute verbinden zwei weitere Brücken und ein Tunnel Brooklyn mit Manhattan.

WTC: DAS NEUE HERZ DES FINANZVIERTELS

world tra

11. SEPTEMBER 2001

KAPITEL 5

118
Präsident Bush begrüßt vor seinem Besuch des Ground Zero Bürgermeister Giuliani.

119
Die Überreste der Twin Towers nach der Attacke des 11. Septembers. Die tragischen Ereignisse, hier in ersten Aufnahmen, haben sich tief in das Gedächtnis Amerikas und der Welt gegraben.

Die Flammen und Rauchfahnen haben sich in das Gedächtnis der Menschen auf der ganzen Welt eingebrannt. Kein historisches Ereignis verbreitete sich so schnell auf der ganzen Welt oder war so spektakulär, kein anderes Vorkommnis war von solch historischer Bedeutung. Die Twin Towers standen mit ihren 415 Metern im Zentrum einer der dichtest besiedelten Städte: Es ist wahrscheinlich, dass der Rauch und der Einsturz der stolzen Bauten von mehr Augenzeugen beobachtet wurde als irgendeine andere Katastrophe. Über den Verlauf jenes sonnigen warmen Morgens gibt es nichts Neues zu berichten: Die Kommentatoren ließen keinen Gedanken unausgesprochen. Die Menschen sprachen miteinander, um sich zu trösten oder um der Erstarrung durch den Schock zu entkommen, vor allem aber um Informationen auszutauschen. Die Plötzlichkeit und das enorme Ausmaß dieses Ereignisses waren überwältigend; es war unmöglich, einen solch blinden Hass, eine so mörderisches Absicht zu verstehen.
Die vielfältigen Hilfsaktionen als Antwort auf die Angriffe waren von einer fast an ein Wunder grenzenden Effizienz und Promptheit. Die Geschwindigkeit der Hilfsmaßnahmen, das Ausmaß der Aktivitäten und der Mut aller Teilnehmer stehen für ein erinnerungswürdiges Kapitel in der Geschichte der Nation. Heldentum charakterisierte diesen Tag. Eine Frau im Rollstuhl wird über endlose Treppenstufen nach unten getragen, ein Blinder und sein Hund werden zum Erdgeschoss begleitet. Die Menschen stehen den Verletzten und Behinderten bei. Betriebsleiter, die ein letztes Mal kontrollieren, dass alle Mitarbeiter gesund und unversehrt nach draußen gelangt sind, können sich selbst nicht rechtzeitig retten.

Zwanzig leitende Angestellte des World Trade Center sterben vor Ort, nachdem sie sich versichert haben, dass alle anderen am Leben sind. Der Kaplan des Feuerwehrkorps wird seinerseits Opfer der Katastrophe, als er sterbenden Feuerwehrmännern die letzten Sakramente austeilt. Der Mut, den die Feuerwehrleute, die Polizisten und das restliche Hilfspersonal in der Gefahrenzone an den Tag legten, um den Menschen bei der Flucht nach draußen zu helfen, kostete sie im Augenblick des Einsturzes das Leben.
Die Notfallkommandozentrale New Yorks im Inneren des World Trade Centers war völlig zerstört. Dennoch griffen augenblicklich die Notfallpläne. Innerhalb weniger Minuten waren disziplinierte Hilfstruppen dabei, alles zu tun, was ein von Flammen umgebener und mit Rauch gefüllter Raum erfordert. Während sich die Feuerwehr und die Ambulanzen auf den Fußgängerwegen näherten, aktivierten die Krankenhäuser Manhattans und des benachbarten New Jersey ihr Notfallprogramm, um die - viel zu wenigen - Überlebenden aufnehmen zu können.
In Greenwich Village, zwei Kilometer nördlich des World Trade Centers, sammelten sich wenige Minuten nach dem ersten Angriff die Menschen auf den Straßen. Der größte Teil wurde Zeuge des Einsturzes des Südturmes um 9.50 Uhr morgens, während der noch von Flammen und Rauch umgebene Nordturm um 10.29 Uhr in sich zusammenfiel. Die vor Schreck erstarrten Zuschauer sahen Menschen aus den oberen Stockwerken springen, kleine Farbflecken im Trümmerhagel. Ein Gefühl des Irrealen durchdrang alle. Die Menschen blickten in die Augen völlig Unbekannter, ohne zu verstehen. Viele umarmten sich. Einige saßen auf dem Bordsteinrand, andere schluchzten, im Wissen, dass ihnen liebe Menschen gerade starben oder bereits unter fürchterlichen Umständen ums Leben gekommen waren. In den Cafés des Village liefen im Fernsehen die Nachrichtenkanäle auf Hochtouren: Alle beobachteten das Programm mit abwesendem Blick, nicht in der Lage zu sprechen. Alles, was man wusste, wurde sofort übertragen, aber es gab wenig neue Informationen. Niemand wollte, oder konnte, die Anzahl der Opfer schätzen. Nicht abreißende Menschenschlangen bewegten sich taumelnd Richtung Norden, zur Avenue of the Americas. Ein Großteil von ihnen stand unter Schock; Viele klammerten sich, mit Asche und Ruß bedeckt, an ihre Begleiter, während die Bewohner der Zone verzweifelt versuchten, Nummern auf ihren Telefonen zu wählen, um die Familien zu kontaktieren. Hier und da saßen erschöpfte Menschen auf dem Randstein. Weiter südlich, nahe dem Ground Zero, war es noch schlimmer: Flüchtende sammelten sich in Eingangshallen, blutend, hysterisch oder traumatisiert und stumm. In den Lokalen des Village servierten die Bedienungen Kaffee an völlig betäubt hereinschwankende, aber zumeist unverletzte Menschen. Verletzte und schwache Personen wurden weiter südlich gebracht. Den ganzen Tag über heulten Sirenen, die die Richtung Süden fahrenden Fahrzeuge begleiteten; den ganzen Tag über eilten Ambulanzen über die Avenue of the Americas in Richtung des St. Vincent Medical Centers, wo im gesamten Vorhof Überlebende, in Rollstühlen und meist unter Schock, untergebracht waren. Es bildete sich ein riesiger Kommandostab mit über fünfzig professionellen Helfern und etwa hundert Freiwilligen. Die Stadt rief rasch den Notstand aus. Brücken und

120
Das Empire State Building, etwa 50 Häuserblocks vom zerstörten Gebiet entfernt, ist ein vertrauter und tröstlicher Anblick.

Von Seite 121 bis Seite 125
Um 9.03 Uhr traf die zweite Boeing 767 den Südturm. 90.000 Liter Kerosin begannen zu brennen und lösten ein Inferno aus.

Von Seite 126 bis Seite 129
Der zuerst getroffene Südturm stürzte um 9.50 Uhr als Erster ein und riss tausende von Menschen mit sich in einen grausamen Tod.

Tunnels wurden geschlossen, die Untergrundbahn und die Züge waren außer Betrieb. Trotz des furchtbaren Schocks und der massiven, durch den Angriff ausgelösten Menschenbewegungen wurde empfohlen, ruhig zu bleiben: "Bewahren Sie Ruhe, beachten Sie die Transportprobleme. Bleiben Sie in Bewegung. New York lebt, es ist erschüttert, aber es ist NICHT zerstört!" Die große Verkehrsader der 40. Straße, die in östlicher Richtung durch ganz Manhattan führt, verwandelte sich in eine bewachte Grenzlinie: nördlich davon die größtmögliche Normalität, südlich davon waren die Straßen und Alleen nur Fußgängern zugänglich. Noch weiter südlich begrenzte die Houston Street (oder 1. Straße), eine weitere Hauptverkehrsader entlang der Ost-West-Achse, eine streng kontrollierte unzugängliche Zone; dahinter versammelten sich die Hilfs- und Versorgungstruppen.
Um 6 Uhr nachmittags hatte sich der Zustrom in den Krankenhäusern auf ein Tröpfeln reduziert; es war unmöglich, Überlebende zu finden. Das gesamte Gebiet des World Trade Centers war ein mehrere Häuser hoher Haufen rauchenden Schuttes, der sich in die umliegenden Straßen ergoss. Die Nachrichtenlage war konstant. Furchtbare Zahlen erschienen auf den Bildschirmen: "78 Polizeibeamte verschollen, 200 Feuerwehrmänner verschwunden. Im World Trade Center arbeiten circa 50.000 Personen und weitere Personen befinden sich in der Zone zu Geschäftsbesuchen. Die Anzahl der Toten könnte in die Tausende gehen."
Am Abend wurde die Untergrundbahn in begrenztem Umfang wieder in Betrieb genommen und die Routen über Brücken und durch Tunnels in Richtung stadtauswärts wurden wieder geöffnet, um Manhattan von unnötigen Besuchern und Fremden zu befreien. Die New Yorker konnten erkennen, dass man sich um eine effiziente Organisation bemühte und die Notfallmaßnahmen plangemäß erfolgten. Die Menge auf den Straßen verringerte sich gegen 20.30 Uhr, als die Menschen nach Hause zurückkehrten, um die Rede von Präsident Bush an die Nation zu hören: eine verhaltene Rede, in der er mögliche Vergeltungsschläge nur andeutete. Aber wie kann sich eine Nation an einem Feind rächen, der sich nicht zeigt? Nach dem Appell des Präsidenten kehrten die New Yorker auf die Straßen zurück und strömten unaufhörlich von St. Vincent zu den Barrieren der Houston Street hinunter und zurück.
Gegen Mitternacht begann eine massive halb-militärische Aktion. Konvois aus Baustellenlastwagen, Bulldozern und Fahrzeugen mit Gerüsten parkten entlang der Houston Street. In Intervallen würden sie Richtung Avenue of the Americas fahren, zum World Trade Center, das noch immer in Flammen stand. Die örtliche Feuerwehrwache wurde zum Kommandoposten der Operationen. Für eine kurze Zeit während des vergangenen Tages, bevor man einen geeigneteren und zum World Trade Center näher gelegenen Raum gefunden hatte, befand er sich im Hauptquartier von Bürgermeister Giuliani. Das örtliche Baseballfeld wurde zum Versorgungslager und in der Nähe richtete das Rettungsheer mobile Verpflegungsstellen ein.
Im Norden wurde das St. Vincent Medical Center vollständig als Sammellager verwendet, die mit Bewohnern, Journalisten und zusätzlichen freiwilligen Helfern überfüllte Allee war von Scheinwerfern beleuchtet. Gegen Mittag war klar, dass man nur wenige Überlebende finden würde, dafür aber ein Massengrab verschütteter Opfer. Vorort und jenseits des Flusses, in New Jersey, wurden Notfallleichenhallen organisiert. Tausende von Menschen, die nicht rechtzeitig flüchten konnten, würden aus den Schuttmassen gezogen werden, bis zur Unkenntlichkeit verstümmelt, mit dem schrecklichen Ergebnis, dass es für viele Familien nie zu Ende sein würde und sie niemals den Trost finden würden, ihre Toten begraben zu können. Auf die Helfer wartete die furchtbare Aufgabe, aus dem Schutt die Teile der Menschen zu suchen, deren Anzahl man auf etwa 10.000 schätzte. Einen Monat später gehen die New Yorker ihren Geschäften nach und leben ihr Leben. Überall, außer am Ground Zero und im direkt umliegenden Gebiet, scheint sich auf ersten Blick die Normalität wieder eingefunden zu haben. Erst bei genauerem Hinsehen bemerkt man die Uniformen der Polizei, die Kontrollvorrichtungen, die Sicherheitshinweise. Diejenigen, die mit dem Flugzeug unterwegs waren oder in einem Regierungsgebäude zu tun hatten, bekamen zu spüren, dass das Leben nicht mehr so wie früher ist. Die internationalen Nachrichten berichten nicht mehr über andere Länder oder andere Völker. Im Mittelpunkt von allem stehen die Vereinigten Staaten und die Herausforderung, der sich die Nation zu stellen hat. Die Gewalt ist eine beständige Bedrohung, die Verletzbarkeit eine Realität des Lebens: Wir müssen deshalb hoffen, dass die Gerechtigkeit und die Vernunft siegen.

130 OBEN UND 130-131
Als der Südturm einstürzt, laufen hunderte von Menschen in Panik um ihr Leben.

Von Seite 132 bis Seite 135
Rauch und Flammen umhüllen den Nordturm während der letzten Momente vor dem Einsturz um 10.29 Uhr. Getroffen wurde er um 8.45 Uhr.

136 und 137
Rauch, Asche, Schutt und Staub: Es sieht aus, als wäre in New York eine Atombombe explodiert.

138-139
Der gräßliche Anblick von Brooklyn aus, wenige Minuten nach dem Einsturz der Twin Towers.

Von Seite 140 bis Seite 143
Verletzt, starr vor Schreck oder unter all den rennenden Verwundeten ... aber glücklich, überlebt zu haben.

144-145
Sofort nach dem Angriff verwandelte sich Lower Manhattan in einen Vorhof zur Hölle.

Von Seite 146 bis Seite 151
Die Feuerwehr New Yorks schrieb ein tragisches und unvergessliches Kapitel in der Geschichte der Stadt. Die Verluste: New York Fire Departement und Emergency Medical Services 343; Port Authority (Management des WTC) 74, New York Police Department 23 Leben.

152 und 153
Fast jedes Mitglied des Feuerwehrdepartements verlor einen vertrauten Kollegen bei der Feuerwehr. Von einigen Einheiten überlebten nur eine Handvoll Menschen. Hier ist der Kaplan des Fire Departments, Mychal Judge, zu sehen.

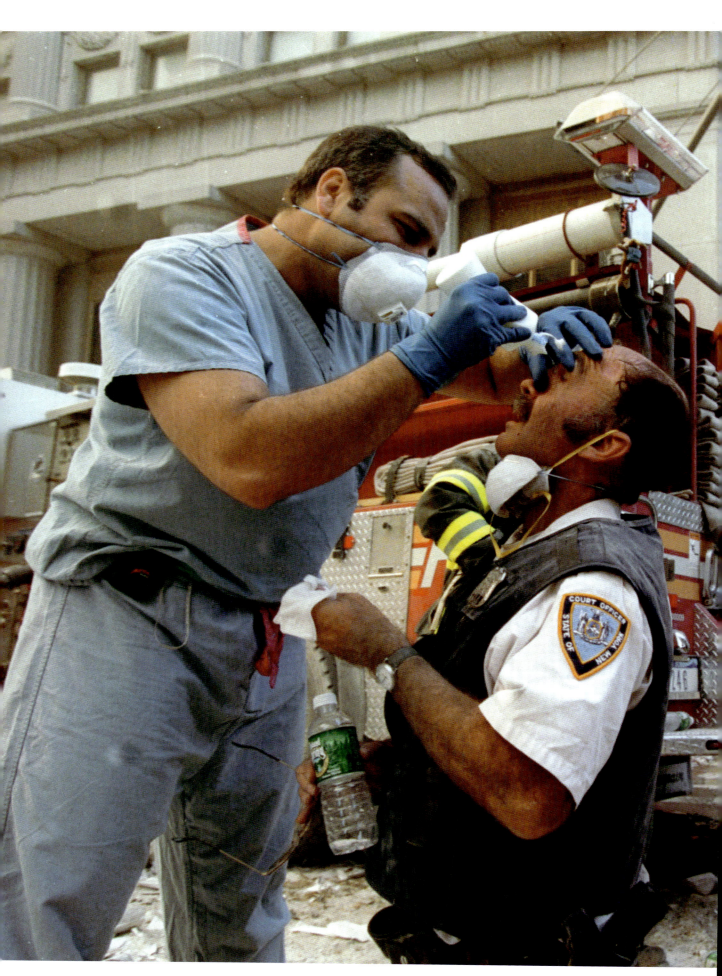

154 UND 155
Verbrannte Dokumente symbolisieren die Katastrophe. Die Bronzeskulptur "Man with Briefcase" symbolisiert Überleben und Vertrauen in die Zukunft.

154 OBEN UND 155 OBEN
Das World Financial Center neben dem World Trade Center erlitt sowohl außen als auch innen schwere Schäden.

156
Gefahr, Staub, Erschöpfung ... ein Ende ist nicht abzusehen.

157
Für die Amerikaner und für die Welt haben die Stars und Stripes nun eine tragische neue Bedeutung.

158
Der von Schutt halb begrabene Winter Garden zwischen den Türmen des World Financial Centers blieb unversehrt.

159
Auf dieser Luftaufnahme vom 26. September 2001 sieht man den durch die Attacke entstandenen riesigen Krater. Das Aufräumen des Schuttes ist kräftezehrend und langwierig.

160-161
Nach Einbruch der Nacht fangen die Scheinwerfer der Schutträumteams eine dramatische Szene ein: die Stahlgitterteile wirken wie die Tore zur Hölle.

162 und 163
Ground Zero, aufgenommen am 29. September vom World Financial Center aus: tief unten ist das Feuer noch nicht gelöscht.

164-165
Tausende Menschen suchen nach Vermißten, aber für hunderte von ihnen wird die tragische Suche kein glückliches Ende haben.

166
"11. September 2001, never forget" steht in die Asche geschrieben, die vom tragischsten Tag in der Geschichte New Yorks kündet.

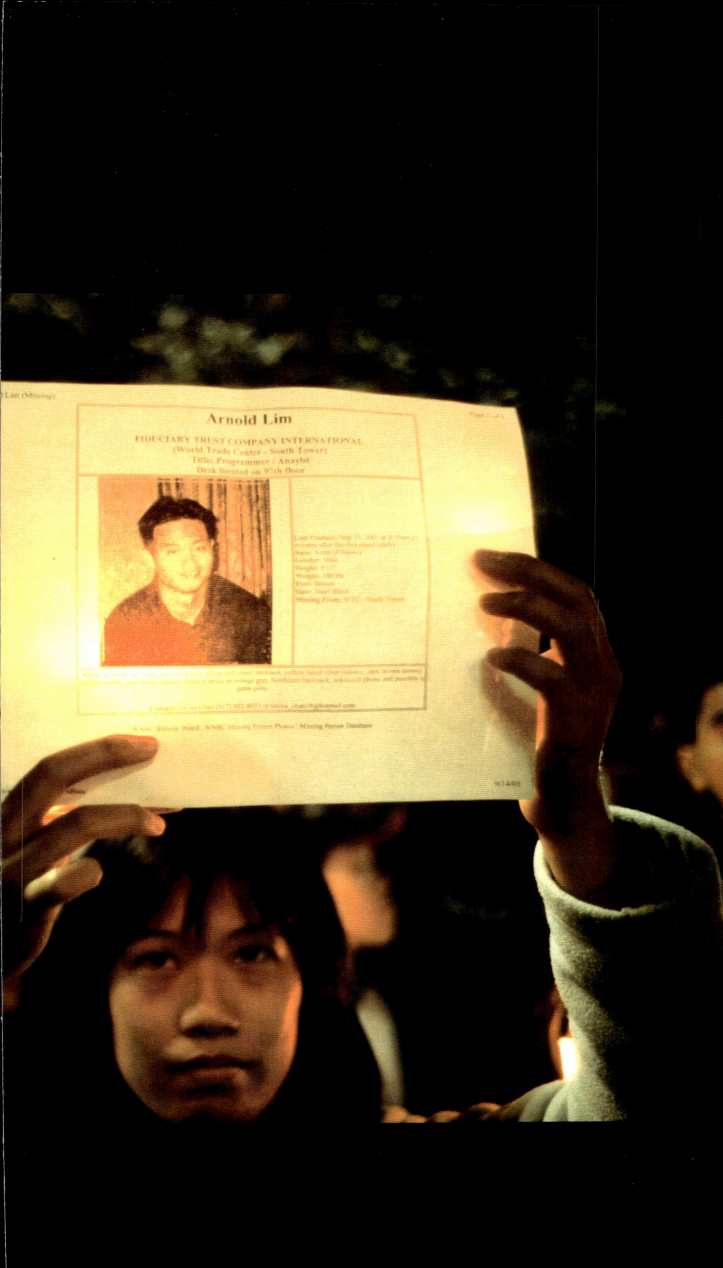